essentials

Massimo Longo Adorno

Kleine Geschichte des modernen Finnland

Massimo Longo Adorno
Villa Chelia
Patti, Italy

ISSN 2197-6708   ISSN 2197-6716 (electronic)
essentials
ISBN 978-3-658-50858-6   ISBN 978-3-658-50859-3 (eBook)
https://doi.org/10.1007/978-3-658-50859-3

Die Deutsche Nationalbibliothek verzeichnet diese Publikation in der Deutschen Nationalbibliografie; detaillierte bibliografische Daten sind im Internet über https://portal.dnb.de abrufbar.

Springer VS ist ein Imprint der eingetragenen Gesellschaft Springer Fachmedien Wiesbaden GmbH und ist ein Teil von Springer Nature.
Die Anschrift der Gesellschaft ist: Abraham-Lincoln-Str. 46, 65189 Wiesbaden, Germany

Wenn Sie dieses Produkt entsorgen, geben Sie das Papier bitte zum Recycling.

Finnlands Weg zur Nation verlief entlang kultureller, religiöser und politischer Bruchlinien. Zwischen Schweden und Russland, zwischen westlichem und östlichem Christentum, entwickelte sich im 19. Jahrhundert ein eigenständiges Nationalbewusstsein, das sich im Zeitalter aufblühender Nationalstaaten behaupten konnte. Die Unabhängigkeit nach dem Ersten Weltkrieg wurde durch soziale Spannungen, äußere Einflussversuche und einen Bürgerkrieg gefährdet, doch Finnland etablierte sich trotz aller Widrigkeiten als stabiler Staat. Der sowjetische Angriff 1939 markierte mit dem Winterkrieg eine erste große Prüfung, gefolgt vom Fortsetzungskrieg ab 1941, der Finnland in ein fragiles Verhältnis zu NS-Deutschland führte. Nach dem Zweiten Weltkrieg fand das Land einen Sonderweg zwischen Westbindung und einer diplomatischen Nähe zur Sowjetunion. Der Wandel zur modernen Gesellschaft erfolgte in enger Verbindung mit politischen Ausgleichsstrategien, kultureller Selbstbehauptung und wachsender europäischer Orientierung – bis hin zum entschlossenen Bruch mit der Neutralitätspolitik im 21. Jahrhundert.

Verlagsvorschau

Massimo Longo Adorno widmet sich in dieser kompakten Studie der Geschichte Finnlands im 20. Jahrhundert – von der Herausbildung eines nationalen Selbstverständnisses über die Herausforderungen der Weltkriege bis hin zur außenpolitischen Gratwanderung im Kalten Krieg. Im Zentrum stehen dabei die Winter- und Fortsetzungskriege sowie die wechselvolle Beziehung zur Sowjetunion, die die finnische Politik über Jahrzehnte prägte. Mit sicherem Blick für historische Brüche und Kontinuitäten erzählt Longo Adorno die Geschichte eines kleinen Landes, das sich seinen Platz im europäischen Konzert der Nationen behauptete – mit einer politischen Kultur zwischen Vorsicht, Pragmatismus und Beharrlichkeit

Vorwort

Finnland hat mich seit jeher fasziniert – nicht nur als geografischer Außenposten Europas, sondern als politischer und kultureller Erfahrungsraum, in dem sich zentrale Konfliktlinien des Kontinents spiegeln: zwischen Ost und West, Autonomie und Fremdherrschaft, Realpolitik und moralischer Selbstbehauptung. Wer die Geschichte Finnlands studiert, blickt zwangsläufig auch auf Russland in seinen zaristischen, sowjetischen und postsowjetischen Ausprägungen und versteht zugleich, wie nationale Souveränität unter geopolitischem Druck entstehen, sich behaupten oder verloren gehen kann. Mein 2013 erschienene Buch über das zeitgenössische Finnland beschreibt trotz aller Herausforderungen und Widrigkeiten ein Land, das vielleicht am besten als erfolgreiches Finnland bezeichnet werden kann, als ein Land mit einem großen diplomatischen Gespür. Die vorliegende Springer-Essentials-Ausgabe resümiert im Wesentlichen das genannte Buch: Die beiden Kriege zwischen Finnland und der Sowjetunion, der Winterkrieg von 1939 bis 1940 und der sogenannte Fortsetzungskrieg von 1941 bis 1944, sind zentrale Geschehnisse im Rahmen dieser Auseinandersetzung. Der erste dieser Konflikte war Gegenstand einer früheren Untersuchung (2010), mit der vor allem die militärischen, politischen und symbolischen Dimensionen dieses ungleichen Kampfes beleuchtet wurden. Das 2025 erschienene Buch über en Fortsetzungskrieg setzt diese Arbeit fort, erweitert den Horizont und betont insbesondere die ambivalenten außenpolitischen Spielräume Finnlands im Kontext des Zweiten Weltkriegs.

Gerade in der heutigen Lage, in der Finnland nach Jahrzehnten der Neutralität den Beitritt zur NATO vollzogen hat, wird deutlich, wie anhaltend prägend die Erfahrungen mit russischer Dominanz für die politische Kultur und sicherheitspolitische Orientierung des Landes sind. Die Angst vor einem Rückfall in die alte Logik der Einflusszonen und einer Aushöhlung souveräner Entscheidungsfreiheit ist real – und historisch unterfüttert.

Dieses Buch versteht sich daher nicht nur als Beitrag zur finnischen Zeitgeschichte, sondern als Reflexion über die Bedingungen europäischer Sicherheit, über Verwundbarkeit und Widerstand kleiner Staaten, über diplomatische Gratwanderungen und über das, was Geschichte leisten kann: Orientierung in unsicheren Zeiten.

Patti, Italy   Massimo Longo Adorno
Frühjahr 2025

- Ein vertieftes Verständnis der finnischen Nationalstaatsbildung im Spannungsfeld zwischen Schweden und Russland
- Die Rolle Finnlands in den großen Konflikten des 20. Jahrhunderts: Unabhängigkeit, Winterkrieg und Fortsetzungskrieg
- Einblicke in die außenpolitischen Strategien eines kleinen Staates zwischen Anpassung und Eigenständigkeit
- Die Bedeutung Finnlands in der europäischen und internationalen Ordnung – damals wie heute – und der NATO-Beitritt

Interessenkonflikt Der/die Autor*in hat keine relevanten Interessenskonflikte im Zusammenhang mit dieser Publikation.

Inhaltsverzeichnis

Über den Autor

Massimo Longo Adorno ist freischaffender Historiker und Verfasser mehrerer Bücher zu Finnland und anderen Themen im Bereich der internationalen Beziehungen, Diplomatie und Militär. Parallel dazu leitet er seinen landwirtschaftlichen Familienbetrieb und verantwortet ein eigenständiges Kulturprojekt

Abkürzungsverzeichnis

EFTA European Free Trade Association
EG Europäische Gemeinschaft
EU Europäische Union
EWG Europäische Wirtschaftsgemeinschaft
IKL finn: Isänmaallinen kansanliike, IKL, schwed.: Fosterländska folkrörelsen Vaterländische Volksbewegung
KSZE Konferenz für Sicherheit und Zusammenarbeit in Europa
NATO North Atlantic Treaty Organization (Nordatlantische Vertragspartner)
KGB Комитет государственной безопасности, КГБ. Sowjetischer Geheimdienst
SALT Strategic Arms Limitation Talks
UdSSR Union der Sozialistischen Sowjetrepubliken
USA United States of America

Die Geburt des kulturellen Finnland 1

Finnland entstand als eigenständige Nation an einer historischen Nahtstelle Europas – zwischen Schweden und Russland, zwischen westlichem und östlichem Christentum. Lange Zeit war das Land Objekt fremder Herrschaft und schien Teil einer geopolitischen Verteilmasse zu sein. Im 19. Jahrhundert, im Zeitalter aufblühender Nationalstaaten, entwickelte sich aus diesen Grenz- und Konfliktlagen ein eigenes finnisches Nationalbewusstsein. Finnland behauptete seine Identität im Spannungsfeld konkurrierender Großmächte und fügte sich zugleich in die europäische Ordnung der sich formierenden Nationen ein (Longo Adorno 2014).

1.1 Das schwedische Finnland

Die besondere Eigenschaft des finnischen Territoriums besteht darin, dass es sowohl im Süden mit dem Bottnischen Meerbusen als auch im Westen von der Ostsee umgeben ist. Diese besondere geografische Eigenschaft hat dem Land den Spitznamen „Tochter des Baltikums" eingebracht. Seine östlichen Grenzen ziehen sich entlang der endlosen Wälder und Sümpfe Nordrusslands. An seiner äußersten Südküste führt seit ewigen Zeiten ein maritimer Zugang nach Russland entlang, der bereits von den Wikingern auf ihren Expeditionen in den Osten und später von vielen anderen seefahrenden Völkern genutzt wurde. Die Ostsee war somit für die Finnen der wichtigste Zugangsweg zu den Städten Europas. Die Finnen konnten zwar weit entfernt von ihnen leben, waren aber dank der Ostsee nicht völlig von der europäischen Realität um sie herum abgeschnitten. Im Mittelalter wurde das finnische Gebiet, das hauptsächlich von Menschen finno-ugrischer Abstammung bewohnt wurde, die höchstwahrscheinlich wie die Esten und Ungarn aus Asien

© Der/die Autor(en), exklusiv lizenziert an Springer Fachmedien Wiesbaden GmbH, ein Teil von Springer Nature 2026
M. Longo Adorno, *Kleine Geschichte des modernen Finnland*, essentials,
https://doi.org/10.1007/978-3-658-50859-3_1

stammten, zum Schlachtfeld im Krieg um die territoriale Vorherrschaft in Nordeuropa, an dem das Königreich Schweden und das russische Fürstentum Nowgorod beteiligt waren. Gleichzeitig war Finnland in einen Konflikt zwischen zwei Kirchen verwickelt: der römisch-katholischen und der russisch-orthodoxen.

Langsam, aber unaufhaltsam begann die schwedische Krone auf ihrem Vormarsch nach Osten die meisten von Finnen bewohnten Gebiete zu erobern (Coleman 2010, S. 44); Finnland stellte im nördlichen Teil seines Territoriums auch die äußerste Grenze des westlichen Christentums dar. Mitte des 13. Jahrhunderts war Finnland fest in das politische System der schwedischen Krone eingebettet. Allerdings waren die allgemeinen Lebensbedingungen der Bevölkerung selbst im schwedischen Vergleich äußerst schlecht (Acerbi 2000, 2005). „Wo Schweden arm ist, ist Finnland sehr arm", schrieb Eric Christiansen. Arm sei man „an gebildeten Menschen, an Büchern, an Kirchen, an Städten, an Kunst und an Schulen." (Kirby 2007, S. 25). Diese qualitative Ungleichheit sollte lange anhalten und die Beziehungen zwischen den beiden Teilen des Königreichs prägen. Sie hinterließ ein komplexes Erbe, das einerseits (Schweden) von einem fast snobistischen Überlegenheitsgefühl und andererseits (Finnland) von starkem Ressentiment, gemischt mit einem echten Minderwertigkeitskomplex, geprägt war. Es handelte sich verständlicherweise um eine sehr komplexe Beziehung, die wenig rational war, aber bis in die jüngste Vergangenheit Bestand hatte (Strinnholm 1834, S. 193).

Finnland war ein Land freier Bauern, die im Umgang rau und oft ungebildet, aber dennoch sehr unternehmungslustig waren. Die Bauern, die in den Küstengebieten lebten, bauten wendige Boote, auf die sie Butter, Häute und Fisch luden, die sie dann an Händler in Stockholm, Tallinn und auch ins südlicher gelegene Baltikum verkauften. Nordeuropa war insgesamt ein potenzieller Markt. Die Bedeutung der Jagdwirtschaft nahm parallel zur Ausweitung der kommerziellen Handelsbeziehungen allmählich ab. Von Nordrussland bis zu den Küsten Österbottens lieferten die ausgedehnten Wälder, die das finnische Territorium bedeckten, das für den Bau von Gebäuden, Haushaltsgeräten und landwirtschaftlichen Geräten benötigte Holz. Die einzigen Steingebäude in Finnland waren die Kirchendächer, eine Handvoll Burgen und Klöster sowie einige isolierte Adelsresidenzen.

Die spätmittelalterlichen Gemälde, die noch immer die Wände vieler alter finnischer Kirchen schmücken, spiegeln eine bäuerliche Welt wider, die von bescheidener und einfacher Frömmigkeit durchdrungen ist. Der Kirche als wichtigste Bildungsquelle in Finnland gelang es, Geistliche aus der einheimischen Bevölkerung zu rekrutieren und ihnen in der Domschule von Turku, der größten Diözese des Landes, den Bildungsbereich anzuvertrauen. Auch in anderen finnischen Städten gab es Schulen, etwa in Viipuri, Rauma und Porvoo. Eine weitere Form des Kontakts mit der Außenwelt war der Waffenberuf. Während des Dreißigjährigen

Krieges bestand die schwedische Kavallerie, das Elitekorps des Königreichs, zu 70 % aus Mitgliedern des finnischen Adels, was auch für den Kommandeur der schwedischen Kavallerie, Gustav Horn, Graf von Pori galt. Diese Situation sollte sich jedoch ändern, als die militärische und wirtschaftliche Macht Russlands im baltisch-nordeuropäischen Raum zu wachsen begann und Schweden allmählich die Kontrolle über Finnland verlor.

1.2   Das russische Finnland

Die Invasion finnischen Territoriums durch die kaiserliche Armee Russlands im Februar 1808 erfüllte die schlimmsten Befürchtungen, die durch die militärische Inkompetenz und mangelnde Vorbereitung Schwedens genährt worden waren. Nachdem die russischen Truppen innerhalb von drei Monaten Südfinnland erobert hatten, zog sich die schwedische Armee nach Österbotten zurück. In den darauffolgenden Verteidigungsschlachten, die den gesamten späten Frühling und Sommer andauerten, gelang es ihr jedoch, die russische Offensive zu stoppen. Den Schweden fehlten jedoch sowohl die Fähigkeiten als auch die Kräfte, um den südlichen Teil des finnischen Territoriums zurückzuerobern. Im Herbst nahm die inzwischen gestärkte russische Armee ihre Offensive wieder auf und zwang die schwedischen Streitkräfte, sich endgültig aus finnischem Gebiet zurückzuziehen und nach Schweden zu fliehen. Damit waren sie den Bedingungen des am 19. November 1808 in Olkijoki (Österbotten) geschlossenen Waffenstillstands nachgekommen. Obwohl der Krieg zwischen Schweden und Russland formal noch ein weiteres Jahr andauerte, war Finnland politisch und physisch de facto von Schweden getrennt. Das Trauma, das dieses Ereignis in beiden Ländern verursachte, war groß. In Schweden löste der Verlust Finnlands einen Militäraufstand aus, der im Sommer 1809 zur Abdankung des Königs und zur Verkündung einer neuen Verfassung führte.

Der russische Angriff auf Finnland war Teil eines größeren Konflikts, der Europa im frühen 19. Jahrhundert erschütterte. 1807 erlitt Russland in Preußen schwere Niederlagen gegen Napoleons Truppen. Zar Alexander I. schloss enttäuscht von seinen Verbündeten den Frieden von Tilsit mit Napoleon. Dieser Vertrag zwang den Zaren, andere europäische Mächte zur Friedensschließung mit Napoleon zu bewegen. Schweden unter König Gustav Adolf IV., einem entschiedenen Gegner Napoleons, lehnte dies jedoch ab und setzte auf die Unterstützung Englands. Auf Anraten des schwedischen Adligen Göran Magnus Sprengtporten, der in russische Dienste getreten war, versuchte der Zar, die Finnen auf seine Seite zu ziehen. Sprengtporten kannte die finnisch-schwedischen Beziehungen gut und riet dem Zaren, den Finnen im Falle einer russischen Besetzung Autonomie zu versprechen. Der Zar erließ daraufhin eine Proklamation, in der er dem finnischen Adel die bestehenden Freiheiten und Privilegien garantierte. Zudem versprach er die Einberufung der finnischen Stände, die eigenständig über die Zukunft Finnlands entscheiden sollten. Im April 1808 wurde die Grenze zwischen Russland und Schweden an den Fluss Tornio verlegt, während am 17. Juni 1809 die Vereinigung Finnlands mit dem Russischen Reich offiziell verkündet wurde. Des Befehlshabers der Kaiserlichen Russischen Armee in Finnland, General Friedrich Wilhelm von Buxhoevden, setzte das Thema jedoch wieder auf die Tagesordnung und berief eine Versammlung der finnischen Teilstaaten in der Stadt Porvoo ein, um über den Status Finnlands innerhalb des Zarenreichs zu entscheiden. Diese Einberufung des Landtages war zweifellos ein wichtiger Schritt und kann historisch als ein zentraler Moment der Geburt der finnischen Nation betrachtet werden. Die Schaffung einer separaten und autonomen Struktur für Finnland, die von Alexander I. am 1. Dezember 1808 offiziell verkündet wurde, war neben anderen Gründen ein zentrales Element.

Die Einberufung des Landtags von Porvoo folgte der Notwendigkeit, den Treueeid durch die finnische Bevölkerung zu erhalten und um verschiedene Sachthemen anzugehen, darunter Fragen der Steuern, die Zukunft der finnischen Streitkräfte und die Zusammensetzung des Regierungsrates. Es wurde nicht erwähnt, ob der Landtag Entscheidungsbefugnisse haben oder eine ständige Institution werden sollte. Ein Punkt ist jedoch sicher: Es war die finnische Verwaltungseffizienz, die der Zar nicht nur bewahren und weiterentwickeln, sondern auch als Modell für den Rest Russlands übernehmen wollte. Aus dieser verwaltungstechnischen Perspektive war das Großfürstentum Finnland ein eigenständiger Staat und nicht nur eine Provinz oder ein Gouvernement des Russischen Reiches.[1] Auf jeden Fall waren die grundlegenden Absichten Alexanders I. gegenüber Finnland klar, wie aus einigen Passagen eines Briefes des Zaren an den neuen Generalgouverneur Finnlands, Fabian Steinhel, hervorgeht. Er schrieb: „Meine Absicht besteht darin, den Menschen dieses Landes eine politische Existenz zu geben, sodass sie sich nicht als von Russland erobert betrachten, sondern als mit dem Land verbunden, und zwar auf eine Weise, die offensichtlich ihren eigenen Interessen entspricht." (Kirby 2007, S. 76). Leider wurde diese Sicht von seinen Nachfolgern nicht geteilt.

---

[1] In der deutschsprachigen Literatur wechseln die Begriffe „Großfürstentum" und „Großherzogtum" für Finnland im 19. Jahrhundert. „Großfürstentum" ist jedoch die historisch präzisere Übersetzung des russischen Titels (velikij knjaz), der die besondere Stellung Finnlands unter der Herrschaft des Zaren betonte. Vgl. dazu Jussila et al. 1999.

Unter den ethnischen Minderheiten des Zarenreichs genoss die etwa drei Millionen Menschen umfassende finnische Minderheit fast das gesamte 19. Jahrhundert über eine besondere, privilegierte Stellung, nicht zuletzt in sprachlich-religiösen Angelegenheiten. Der Großteil der finnischen Bevölkerung bekannte sich zum lutherischen Glauben und sprach Finnisch oder Schwedisch, die russische Sprache war dem Großteil der Bevölkerung fast völlig unbekannt. Die Finnen hatten ihr eigenes Parlament, mit der finnischen Mark ihre eigene Währung, ihr eigenes Eisenbahnsystem und ihre eigene Armee. Die wichtigste Ressource der finnischen Wirtschaft waren die Produkte der riesigen Wälder, was auch unter Russland so bleib. Im Laufe des 19. Jahrhunderts stieg auf den europäischen Märkte die Nachfrage nach finnischem Holz, während die aufstrebende Industrie von den vorteilhaften Handelskonzessionen profitierte, die ihr innerhalb des Wirtschaftsraums des Russischen Reiches gewährt wurden. Dies ermöglichte ihr den Zugang zu großen und lukrativen Absatzmärkten für Textil- und Metallprodukte und, vor allem, Papier, ein Schlüsselprodukt der finnischen Forstwirtschaft. In einer Zeit, in der sich in Europa der Journalismus und die Masseninformation entfalteten, wurde Papier zunehmend ein wirtschaftlich wichtiges Handelsgut. Trotz der wirtschaftlichen und politischen Eingliederung Finnlands in das zaristische Russland blieb eine umfassende Russifizierung des Landes aus.

Im Großfürstentum Finnland wurde Finnisch zur zweiten Amtssprache neben Schwedisch erhoben. Das war ein wichtiger Schritt, der dem finnischsprachigen Bevölkerungsteil neues Gewicht verlieh. Der damit einhergehende sprachlich-kulturelle Konflikt zwischen der traditionell dominierenden, schwedischsprachigen Elite und der finnischsprachigen Mehrheit blieb jedoch scharf und prägte auch die Literatur und das intellektuelle Leben jener Zeit. Autoren wie Bertel Gripenberg, Artur Eklund und Karl Robert Wikman thematisierten in ihren Werken offen die Spannungen und Identitätsfragen, die das Land bewegten.

Die Parlamentsreform von 1906, die ein allgemeines Wahlrecht einführte, zwang die schwedischsprachige Oberschicht, ihre politische und gesellschaftliche Rolle neu zu definieren. Gleichzeitig erfasste der Wandel auch die schwedischsprachige Landbevölkerung, vor allem in Österbotten und entlang der Südküste, die bis dahin kaum politisch vertreten war. Mit der Gründung der Schwedischen Volkspartei (Svenska Folkpartiet) im selben Jahr erhielt diese Bevölkerungsgruppe erstmals eine politische Plattform, um ihre Interessen in einem zunehmend finnisch dominierten Nationalstaat zu artikulieren. Trotz der Zugehörigkeit zum Russischen Reich blieben Finnlands kulturelle Bindungen zu Russland schwach. Die entscheidenden Impulse in Wissenschaft, Technik und Religion kamen weiterhin aus dem deutschsprachigen Raum und aus Skandinavien, insbesondere aus Schweden, mit dem Finnland historisch eng verbunden war.

Literatur, Kunst und Musik folgten den vorherrschenden Trends in Nordwesteuropa, was einige Konsequenzen mit sich brachte. Einerseits waren die Finnen der Meinung, dass sie hinsichtlich ihres allgemeinen sozialen Status, ihrer Bildung und Technologie den Russen weit voraus seien – und das waren sie in vielerlei Hinsicht auch. Den Finnen war aber auch klar, es mit einem guten Handelspartner zu tun zu haben und viele Vorteile durch die Zugehörigkeit zum Zarenreich zu genießen. Folglich hatten sie keinen triftigen Grund, nach Unabhängigkeit zu streben, solange Russland ihnen gestattete, ihren eigenen Lebensstil zu pflegen. Doch Ende des 19. Jahrhunderts geschah genau dies: die Freiheit der Finnen wurde in Frage gestellt: Die „großrussischen" Nationalisten standen den Sonderprivilegien einer winzigen Minderheit an der nordwestlichen Peripherie des Zarenreichs immer kritischer gegenüber. Während der letzten zwanzig Jahren des 19. Jahrhunderts unter der Herrschaft von Zar Alexander III. und seinem Sohn und Nachfolger, Nikolaus II., galt der zentralistischen Politik der Vorrang einschließlich einer stumpfsinnigen Russifizierungspolitik, die der neue Gouverneur Finnlands, Nikolai Bobrikow, ab 1898 verfolgte. Diese Politik, die Bobrikov mit einer wachsenden Energie verfolgte, hatte jedoch die gegenteiligen Auswirkungen. Die Finnen, bis dahin loyale Untertanen des Zaren, leisteten den erzwungenen Russifizierungsmaßnahmen entschlossenen Widerstand und hatten das Gefühl, dass sie dadurch ihre individuellen und kollektiven Rechte, ihre westliche Kultur und ihre traditionellen skandinavischen Freiheiten gegen die imperialistische Despotie Russlands verteidigten. Die Folge davon waren auf künstlerischer und kultureller Ebene die Wiederentdeckung und Aufwertung des literarisch-sprachlichen Erbes Finnlands, allen voran der kollektiven Saga Kalevala von Elias Lönnrot, die vom bedeutendsten finnischen Komponisten, Jean Sibelius, in Musik umgesetzt wurde (Hamalainen 1979). Obgleich ein Produkt der Spätromantik, so Glauser, stellte Lönnrot das Kalevala als Ausdruck eines originär finnischen und tief verwurzelten nationalen Erbes dar (Glauser 2016, S. 456). Sibelius musikalische Darbietung des literarischen Prunkstückes und finnischen Erbes ist, was Prägnanz und Bedeutung betrifft, ohne weiteres mit Giuseppe Verdi in Italien und Richard Wagner in Deutschland vergleichbar.

Die von der zaristischen Regierung beschlossene und von Bobrikow durchgeführte Politik der Zwangsrussifizierung Finnlands stieß auf einigen Widerstand, der sich nicht nur auf kulturelle Aspekte beschränkte, sondern sich auch in heimlichen bewaffneten Kämpfen artikulierte. Am 16. Juni 1904 wurde Bobrikow bei einem Attentat in Helsinki getötet, einige Wochen später führte in Russland ein Handgranatenangriff zum Tod des zaristischen Innenministers Phleve. Der Russisch-Japanische Krieg von 1904 bis 1905 und die Russische Revolution von 1905 führten zu einer erheblichen Abschwächung der Russifizierung und der Unterdrückung in Finnland. Einen Moment lang schien es, als würden die traditionellen

Vorrechte der finnischen Selbstverwaltung wieder wie zuvor funktionieren, doch das Klima hatte sich grundlegend geändert. Denn nun erfreute sich die finnische Unabhängigkeitsbewegung zunehmender Beliebtheit. Dies geschah nicht nur unter der studentischen Jugend von Helsinki und Turkum, den wichtigsten Universitätszentren des Landes, sondern in allen sozialen Schichten und geografischen Gebieten Finnlands.

In vielerlei Hinsicht markierte die Russische Revolution von 1905 die Ankunft der Demokratie in Finnland. Im Jahr 1906 wurde das allgemeine Wahlrecht eingeführt. Damit waren die finnischen Frauen die ersten in Europa und rangierten weltweit an zweiter Stelle mit dem Recht auf ein garantiertes aktives und passives Wahlrecht. Im neu gebildeten Einkammerparlament (Eduskunta) gewann die Sozialdemokratische Partei Finnlands (Suomen Sosiaalidemokraatinen Puolue) 80 von 200 verfügbaren Sitzen. Finnland positionierte sich damit in soziopolitischer Hinsicht an der Spitze der Modernisierung, blieb jedoch gleichzeitig integraler Bestandteil eines riesigen und starren Staatsorganismus, der noch vormodern war. Ereignisse wie der Ausbruch des Ersten Weltkriegs und die Beteiligung des Zarenreichs war für autonome finnische Gruppen die Chance zur Erreichung ihrer Ziele. Nachdem Schweden seine Neutralität erklärt hatte, setzten die finnischen Unabhängigkeitskämpfer ihre größten Hoffnungen auf Deutschland. Zwischen 1915 und 1916 wurden 2000 junge Finnen in einer Spezialeinheit der Kaiserlich Deutschen Armee im Umgang mit Waffen ausgebildet. Diese Männer sollten das Rückgrat der zukünftigen finnischen Streitkräfte bilden.

Befeuert durch die militärischen Niederlagen der russischen Armee an der Front kam es im Februar 1917 zum Sturz des Zarismus. Zunächst schien Finnlands politisches Schicksal in einer Rückkehr zu den traditionellen Formen der Autonomie innerhalb des russischen Reiches zu liegen, wie sie einst im Landtag von Porvoo beschlossen worden waren. Doch im Verlauf des Jahres 1917 wurde deutlich, dass dies nicht mehr ausreichte. Zwar lehnte die provisorische Regierung unter Kerenski Finnlands Forderung nach vollständiger Unabhängigkeit ab, doch die bolschewistische Revolution im Oktober 1917 bekannte sich zumindest formal zum Selbstbestimmungsrecht der Völker. Zusätzlich drängte der deutsche Generalstab, der die Bolschewiki politisch unterstützte, auf eine schnelle Unabhängigkeit Finnlands. Deutschland erhoffte sich davon strategische Vorteile im Krieg gegen Großbritannien und Frankreich, da unabhängige Staaten an Russlands Peripherie den Einfluss der Entente zurückdrängen sollten. Vor diesem Hintergrund erklärte das finnische Parlament am 6. Dezember 1917 die Unabhängigkeit des Landes. Am 31. Dezember 1917 erkannte Lenin die Unabhängigkeit Finnlands offiziell an. Nach 110 Jahren endete damit die Epoche des russischen Finnlands.

Das unabhängige Finnland (1918–1938)

2

Nach dem Ersten Weltkrieg stand Finnland vor gewaltigen Herausforderungen: soziale Unruhen, bürgerkriegsähnliche Spannungen und die Einflüsse der russischen Revolution bedrohten die fragile Ordnung. Dennoch gelang es dem jungen Staat, seine Unabhängigkeit zu festigen und sich inmitten der politischen Umbrüche Europas als eigenständige Nation zu behaupten.

2.1 Der Bürgerkrieg und die ersten Jahre als Staat

An der Spitze der ersten Regierung des neu entstandenen Finnland stand der Konservative Pehr Evind Svinhufvud, ein Jurist mit prodeutscher Tradition und Erziehung (Longo Adorno 2010). Die bolschewistische Revolution vom Oktober 1917 hatte soziale Unruhen geschürt: Arbeiter der finnischen Städte, insbesondere in Helsinki und Tampere, begannen nach russischem Vorbild paramilitärische Einheiten mit der Bezeichnung „Rote Garden" zu bilden, während die nicht sozialistisch orientierten Finnen ihre eigenen Selbstverteidigungseinheiten, die „Bürgerwehren" gründeten. Die Präsenz russischer Militäreinheiten im Land, die unter die Kontrolle der bolschewistischen Regierung geraten waren, bestärkte die revolutionären Absichten des radikalsten Teils der finnischen Linken, deren militärische Organisation immer präziser wurde. Die Anwesenheit bewaffneter russischer Truppen, die weiterhin auf finnischem Boden stationiert waren, überzeugte Svinhufvud davon, dass Deutschland der beste Schutz für die Unabhängigkeit des Landes von einer neuerlichen russischen Herrschaft war, die diesmal nicht zaristischer, sondern bolschewistischer Natur war. Infolgedessen begann er bald,

© Der/die Autor(en), exklusiv lizenziert an Springer Fachmedien Wiesbaden GmbH, ein Teil von Springer Nature 2026
M. Longo Adorno, *Kleine Geschichte des modernen Finnland*, essentials,
https://doi.org/10.1007/978-3-658-50859-3_2

diplomatische Kontakte zu knüpfen, die Finnland im letzten Jahr des Ersten Weltkriegs in den deutschen Einflussbereich brachten. Am 15. Januar 1918 beauftragte die Regierung der Finnischen Republik General Carl Gustav Emil Mannerheim mit der Niederschlagung der Aktivitäten linker paramilitärischer Gruppen sowie der Entwaffnung und Vertreibung der auf finnischem Boden stationierten russischen Soldaten. Es war ein Bürgerkrieg, der erste finnische Bürgerkrieg (Salissota) im unabhängigen Staat und damit das erste traumatische Erlebnis des Landes weniger als einen Monat nach der Erlangung der Unabhängigkeit (Jagerskiold 1986). Am 25. Januar 1918 wurden die Roten Garden offiziell zur bewaffneten Streitmacht der Regierung erklärt, während die Sozialdemokratische Partei unter klarem bolschewistischem Einfluss ein fünfköpfiges Revolutionskomitee gründete, um die Machtergreifung zu koordinieren. Es erhielt den Namen „Finnisches Volkskommissariat". Von Beginn an mangelte es der Linken, die vor allem in den urbanen Zentren Südfinnlands über eine Mehrheit verfügte, an einer klaren Strategie, um der überwiegend in Mittel- und Westfinnland verankerten politischen „weißen" Bevölkerung entgegenzutreten. Das weiße Lager war das Gegenmodell zum bolschewistischen (roten) Lager. Die Weißen hatten eine klare Strategie und ein offensichtliches Ziel: nämlich die Niederschlagung des Aufstands und Wiederherstellung der Legalität. Mannerheim gelang es beinah unmittelbar, eine schlagkräftige Streitmacht aus ehemaligen Offizieren der Kaiserlich Russischen Armee aufzubauen, die durch schwedische Freiwillige und finnische Soldaten aus dem deutschen Heer verstärkt wurde. Anfang April startete er seine Offensive, die Ende des Monats mit der Einnahme von Tampere ihren Höhepunkt erreichte. Gleichzeitig blockierte eine Brigade der deutschen Kampfverbände die Südküste des Landes. Sie schlossen sich Mannerheims Truppen an und erreichte Helsinki am 5. Mai 1918 (Screen 1970; Longo Adorno 2010).

Der finnische Bürgerkrieg endete mit der totalen Niederlage der Roten Streitkräfte. Von einer Normalisierung der Lage war man allerdings noch weit entfernt. Nach der gemeinsamen Militärparade mit deutschen Truppen im Zentrum von Helsinki trat Mannerheim als Oberbefehlshaber der finnischen Armee zurück, um seinen Widerstand gegen die seiner Meinung nach zu enge politisch-militärische Annäherung an das wilhelminische Deutschland, die die Regierung Svinhufvud anstrebte, deutlich zu machen. Im Frühjahr 1918, als deutsche Truppen in Finnland präsent waren und die deutsche Armee kurz davorstand, ihre große Sommeroffensive an der Westfront (die Ludendorf-Offensive) zu starten, waren viele Finnen davon überzeugt, dass Deutschland auf dem Weg war, den Krieg zu gewinnen. Infolgedessen bot Finnland im Mai 1918 dem deutschen Prinzen Friedrich Karl von Hessen die Krone des finnischen Königs an, die er zunächst annahm, später, im Oktober 1918, nach der deutschen Niederlage jedoch ablehnte.

Es verlief nicht wie erhofft. Die deutsche Sommeroffensive wurde nach einem überwältigenden Start von den Truppen der Triple Entente gestoppt, die am Ende des Sommers zum Gegenangriff übergingen und die Deutschen zu ihren Ausgangslinien zurückdrängten. Inzwischen waren die Auswirkungen der britischen Seeblockade auch in der deutschen Bevölkerung spürbar und schürten Unzufriedenheit und Spannungen, die zwischen Ende Oktober und Anfang November 1918 zum Zusammenbruch der Mittelmächte Deutschland und Österreich-Ungarn führten und den Mächten der Triple Entente den Sieg bescherten: Großbritannien, Frankreich, die Vereinigten Staaten von Amerika und Italien. Finnland brauchte nun dringend eine bedeutende Persönlichkeit, die seine Sache gegenüber den siegreichen alliierten Mächten vertreten konnte, und Mannerheim war der Einzige, der diese Aufgabe erfüllen konnte. Am 12. Dezember 1918 wurde er mit Unterstützung einer großen Parlamentsmehrheit zum Nachfolger von Svinhufvud ernannt. Bei den ersten finnischen Parlamentswahlen im März 1919 kehrte die Sozialistische Partei ins Parlament zurück, die inzwischen die Partei von den radikaleren und probolschewistischen Elementen befreit hatte. Diese waren nach Russland geflohen, wo sie bald die Kommunistische Partei Finnlands gründeten.

Am 3. Mai 1919 erkannte der Rat der Außenminister der Siegermächte des Ersten Weltkriegs, der in Versailles die Bedingungen des Friedensvertrags festzulegen beabsichtigte das unabhängige Finnland an.[1] Der langwierige russische Bürgerkrieg zwischen den „Roten" und den „Weißen" ließ eine Reihe sehr wichtiger Fragen ungeklärt. Der 1920 zwischen Finnland und der Sowjetunion geschlossene Friedensvertrag, der sogenannte Frieden von Tartu, glich eher der Endphase eines Trennungsprozesses als der Grundlage für gutnachbarschaftliche Beziehungen. Am 17. Juli 1919 ratifizierte Mannerheim die Verfassung der jungen Republik. Eine Verfassungsurkunde, die bis zum Jahr 2000 in Kraft bleiben sollte.

Demnach hatte Finnland ein eigenes Staatsoberhaupt, das die meisten Befugnisse innehatte und Funktionen ausüben sollte, die zuvor in der Hand des Zaren lagen. Die finnische Verfassung von 1919 gab dem Präsidenten der Republik erhebliche Exekutivbefugnisse. Darin unterschied sie sich deutlich von den Verfassungen, die im gleichen Zeitraum von den baltischen Staaten verabschiedet wurden, die ebenfalls ihre Unabhängigkeit von der russischen Herrschaft erlangt hatten. Den meisten Beobachtern erschien es selbstverständlich, dass der Mannerheim auch der erste Präsident der unabhängigen finnischen Republik werden sollte, doch es kam anders. Am 25. Juli 1919 wählte das Parlament den liberalen Juristen

---

[1]Von Deutschland mit Großbritannien, Frankreich und den Vereinigten Staaten von Amerika unterzeichneter Friedensvertrag, der durch sehr harte Anwendungsklauseln gegenüber Deutschland gekennzeichnet war.

Kaarlo Juho Ståhlberg zum Präsidenten. Ståhlberg hatte die Vorbereitung und Umsetzung der Verfassungsurkunde koordiniert. Mannerheim zog sich ins Privatleben zurück.

Die finnische Verfassung von 1919 skizzierte einen Modellstaat, in dem die meisten Machtbefugnisse nun einem Präsidenten der Republik übertragen wurden, der von einem Wahlkollegium für eine Amtszeit von sechs Jahren gewählt wurde. Die Verfassungsbestimmung sah eine klare und scharfe Trennung zwischen dem Präsidenten, der die höchste Macht mit weitreichenden Vorrechten innehat, und dem Ministerrat vor. Diese Trennung blieb bis zum Jahr 2000 bestehen, als die neue finnische Verfassung dem Präsidenten und dem Ministerrat gleiche Regierungsbefugnisse zusprach. Obwohl Finnland bis in die Nachkriegsjahre warten musste, bis es eine starke präsidentielle Führung erlebte, und obwohl es ziemlich lange und sehr wichtige Perioden gab (wie etwa während des Winterkriegs in Talvisota), in denen die Macht kollegial durch den Ministerrat und nicht durch den Präsidenten der Republik ausgeübt wurde, verlieh ihm die quasi-monarchische Natur des Amtes eine Aura des Respekts und der patriotischen Ehrerbietung, die sich den baltischen Nachbarn Finnlands nicht wirklich vermitteln ließ. Auch stand der finnische Staat eher für Kontinuität als für radikale Veränderungen. Im Gegensatz zu anderen neuen Staaten, die aus der Auflösung imperialer Reiche entstanden, wie etwa Polen oder die Tschechoslowakei, wurde die Republik Finnland auf bereits Vorhandenes aufgebaut: der Staat entstand innerhalb von bereits bestehenden territorialen und halbstaatlichen Gebieten mit einer eigenen Infrastruktur, funktionierenden Institutionen, Gesetzen, einer eigenen Währung und einer ethnisch homogenen Bevölkerung. Gegen Ende des Jahres 1919 war allen klar, dass die Bolschewiki den russischen Bürgerkrieg gewonnen hatten und dass Finnland bei der endgültigen Festlegung seiner Ostgrenze mit ihnen rechnen musste. Zu diesem Zweck reiste im Herbst 1920 eine diplomatische Delegation unter der Leitung von Juho Kusti Paasikivi nach Tartu und traf sich mit sowjetischen Vertretern. Gemäß den Anweisungen des Parlaments sollten die finnischen Unterhändler versuchen, eine Einigung über die natürliche Grenze zu erzielen. Dies hätte jedoch die Eingliederung Ostkareliens in Finnland bedeutet, das sich vom Ladogasee, dem größten See Europas, über den Onegasee bis zum Weißen Meer erstreckt. Dies war für die Sowjetregierung unannehmbar. Seit dem Bau der Eisenbahnlinie zum ganzjährig eisfreien Hafen Murmansk im Jahr 1916 war die wirtschaftliche und strategische Bedeutung Ostkareliens erheblich gewachsen. Finnlands Vorstellungen über den Verbleib Ostkareliens fand auch in London keinen Anklang. Dies zwang die Regierung in Helsinki zum Rückzieher und zur Rücknahme ihrer Forderungen. Die Sowjets ihrerseits gaben ihre Forderung auf, dass Finnlands Südostgrenze weiter von Petrograd weg zu verlegen sei. Am 14. Oktober 1920 wurde in Tartu der

Friedensvertrag mit der Sowjetunion unterzeichnet. Finnland gelangte in den Besitz der Hafenstadt Petsamo, die dem Land den Zugang zum Arktischen Ozean garantierte. Im Übrigen blieb die Grenze dieselbe wie zu der Zeit, als Finnland ein Großfürstentum des Russischen Reiches war. Der erste sowjetische Unterzeichner des Vertrags war der georgische Volkskommissar für Nationalitäten, Josef Wissarionowitsch Dschugaschwili, in den bolschewistischen Führungskreisen besser bekannt unter seinem Namen Stalin.

2.2 Eine unruhige Republik. Finnland zwischen sozialen, politischen und ethnischen Spannungen

Zwischen den beiden Weltkriegen war Finnland in vielerlei Hinsicht eine tief gespaltene Gesellschaft. Politisch links orientierte Männer und Frauen organisierten sich in eigenen Zeitungen, Kulturangeboten und Sportvereinen. Wer sich aus diesen Strukturen löste und bürgerlichen Vereinigungen anschloss, galt dort schnell als Klasseverräter. Sozialisten war der Zugang zur Offizierslaufbahn faktisch versperrt, und gewerkschaftliche Forderungen fanden bei Arbeitgebern kaum Anerkennung. Die politische Aktivität der Arbeiterbewegung wurde zudem von den Sicherheitsbehörden mit besonderer Aufmerksamkeit verfolgt. Innerhalb der Linken, von der gemäßigteren Sozialdemokratie bis hin zu radikaleren Strömungen, entstand in dieser Zeit eine eigene, kulturell tief verwurzelte Auslegung der finnischen Identität, getragen von Arbeiterhäusern, Bildungseinrichtungen und Sportvereinen. Erst allmählich führten gesellschaftliche Transformationsprozesse dazu, dass die konfliktreiche Erinnerung an den Bürgerkrieg überwunden und neue Formen gemeinsamer nationaler Identifikation möglich wurden (Upton 1980).

Durch die Landreform Anfang der 1920er-Jahre verbesserte sich der Lebensstandard der Landbevölkerung schrittweise. Die Entwicklung einer Marktwirtschaft, die selbst den kleinsten Bauernhof unmittelbar erreichte, und die Entstehung einer Massenkultur, die das Land über Sprach- und Klassengrenzen hinweg vereinte, veränderten das Gesicht der finnischen Gesellschaft in den 1920er- und 1930er-Jahren radikal. Dies trug dazu bei, sprachliche und soziale Unterschiede zu beseitigen oder zumindest erheblich zu mildern. Im Jahr 1928 waren die Erinnerungen an den Bürgerkrieg jedoch noch so lebendig, dass es für die rechtsradikale Lapua-Bewegung leicht war, sie mit gewaltsamer Propaganda wiederzubeleben. Die Angriffe galten der parlamentarischen Demokratie in Finnland, die zerstört werden sollte. Lapua ist der Name eines kleinen Dorfes in Südösterbotten. Ende November 1929 wurde eine Gruppe junger kommunistischer Sympathisanten, die an einer Kundgebung in Lapua teilgenommen hatten, von Anwohnern gewaltsam angegriffen. Die Aktion fand viel Sympathie innerhalb der nichtsozialistischen Gesellschaft, die sie als gerechte Reaktion empörter Patrioten lobte. Die Forderungen der Männer von Lapua nach der Unterdrückung aller kommunistischen Aktivitäten stießen auf breite Unterstützung. In der zweiten Hälfte der 1920er-Jahre schien das weiße Finnland durch eine Wiederbelebung des Kommunismus bedroht. Bei den Wahlen im Sommer desselben Jahres zogen 23 kommunistische Abgeordnete ins Parlament ein. Kommunisten waren auch in den Gewerkschaften sehr aktiv, deren Mitgliederzahl von 50.472 im Jahr 1925 auf 90.321 im Jahr 1928 gestiegen war. Angesichts der von der Komintern für die nächste Zeit vorhergesagten Revolution standen sie unter dem Druck Moskaus, den Klassenkampf zu intensivieren.

Die schwierigen Beziehungen zwischen Helsinki und Moskau wurden im Hintergrund durch zwei Streiks von großer politischer Bedeutung beeinflusst. Ende 1927 wurde die englische Marinefabrik Chricton-Vulcan, die U-Boote für die finnische Regierung baute, von einem sieben Monate dauernden Streik heimgesucht. Der Generalstreik der finnischen Arbeiter hatte in den Jahren 1928 und 1929 zudem schwerwiegende Auswirkungen auf die finnischen Holzexporte, und das zu einer Zeit, als die Sowjetunion den Markt mit großen Mengen billigen Holzes überschwemmte, um die Einführung von Stalins erstem Fünfjahresplan zu finanzieren. Die finnische Öffentlichkeit war alarmiert aufgrund der ständigen Berichte über die Gewalt am Arbeitsplatz gegen Arbeiter, die sich dem Streik widersetzten, und wegen des bedrohlichen Tons der von den Kommunisten inspirierten und angeführten Demonstrationen. Bis 1928 war es der Polizei gelungen, die Untergrundstruktur der Kommunistischen Partei Finnlands zu infiltrieren. Die anhaltenden Streiks hatten die Gewerkschaftsorganisationen an den Rand des Zusammenbruchs gebracht, und die aggressive Kampagne der extremen Linken gegen die Sozialdemokraten provozierte innerhalb des linken Spektrums eine Situation frontaler Konfrontation, in die die Sozialdemokraten hineingedrängt wurden. Die Regierung hatte bereits vor den Vorfällen in Lapua damit begonnen, Maßnahmen zur Unterbindung kommunistischer Aktivitäten zu ergreifen. Anfang Dezember 1929 ermächtigte das finnische Parlament den Innenminister, jede Vereinigung, deren Ziel die Störung der öffentlichen Ordnung ist, vorübergehend zu verbieten. Ein Versuch, die Pressefreiheit einzuschränken, scheiterte jedoch im März 1930 an der parlamentarischen Zustimmung. Zwischen 1930 und 1931 erreichte die Lapua-Bewegung, die sich vom italienischen Faschismus inspiriert ließ, den Höhepunkt ihrer öffentlichen Zustimmung, allerdings setzte bald ein meinungspolitischer Abwärtstrend ein. Danach folgte rasch ihr Niedergang. Teile der Bewegung hatten im Februar 1932 den Roten Garden und der Regierung den Kampf angesagt, allerdings war der Anklang in der Bevölkerung gering. Die finnische Regierung begegnete dem Aufstand, ohne einen einzigen Schuss abzufeuern und ohne Blut-vergießen. Die Lapua-Bewegung löste sich aufgrund der offensichtlichen In-kompetenz ihrer Führung auf, noch bevor sie verboten wurde. Der Nachfolgerin, die Patriotische Volksbewegung (IKL), war eine Partei, die sich zu stark am italie-nischen Faschismus orientierte. Daher vermochte sie in Finnland keine große Rolle zu spielen. Nachdem die extreme Rechte aus dem Spiel war, fiel dem Landbund die Rolle zu, den Part des populistisch-demokratischen Nationalismus zu übernehmen. Sie trat in den 1930er-Jahren an der Universität eine Kampagne für die Finnisie-rung los. Dafür hatte sie neben der Universität Helsinki auch die fünf Jahre nach der Staatgründung entstandene Universität Turku zur Verfügung. In Turku waren auf private Initiative hin ein schwedisches Sprachinstitut, die *Abo Akademi*, und eine finnische Universität gegründet worden.

Die Universität Helsinki war das intellektuelle Herz Finnlands und zentraler Ort der Elitenbildung. Ihre Rolle als nationale Institution brachte sie zunehmend in den Strudel der sich zuspitzenden sprachpolitischen Auseinandersetzungen zwischen finnisch- und schwedischsprachiger Bevölkerung. Das 1923 vom Parla-ment verabschiedete Gesetz, das die Unterrichtssprache an der Universität pro-portional zur sprachlichen Zusammensetzung der Studierendenschaft regelte, er-wies sich rasch als ungeliebter Kompromiss. Schwedischsprachige Lehrende fühlten sich an den Rand gedrängt, teils sogar existenziell bedroht. Gleichzeitig war es für viele finnischsprachige Nationalisten unvorstellbar, dass die zentrale Hochschule des Landes weiterhin auch auf Schwedisch unterrichtete. In den 1930er-Jahren wurde der finnische Sprachnationalismus zu einem politisch ein-flussreichen Faktor, der in verschiedenen Parteien Anklang fand, von der konser-vativen Nationalen Sammlungspartei (Kansallinen Kokoomus) über den Land-bund (Maalaisliitto) bis hin zur Sozialdemokratie (Suomen Sosialidemokraattinen Puolue). Der Kern dieser Bewegung war der Ruf nach einer rein finnisch-sprachigen Universität in Helsinki. 1932 ging der Landbund noch weiter: Sie for-derte nicht nur einsprachige Institutionen, sondern auch die vollständige Abschaf-fung sprachlicher Sonderregelungen im Parlament. Das war eine klare Absage an das bis dahin praktizierte Modell sprachlicher Koexistenz. Doch dieser Vorstoß stieß nicht auf einhellige Zustimmung. Eine bedeutende Minderheit innerhalb der Sammlungspartei lehnte die Forderungen ab, da sie darin eine Gefährdung der staatlichen Stabilität sah. Gemeinsam mit der liberalen Fortschrittspartei (Kansal-linen Edistyspuolue), der Schwedischen Volkspartei (Svenska folkpartiet) und den Sozialdemokraten formierten sich diese Kräfte zu einer Koalition, die die ra-dikalen Vorstöße erfolgreich im Parlament blockierte.

Die Landbesitzer, die den Finnisierungsprozess vorangetrieben hatten, erlitten bei den Wahlen von 1932 eine schwere Niederlage, doch der Druck zu Reformen wurde dadurch nicht gemindert. Die Frage bewegte 1935 die Universität in Helsinki erneut. Öffentliche Debatten, zahlreiche Versammlungen und stark besuchte Demonstrationen spiegelten die gesellschaftliche Brisanz des Themas wider. Eine konkrete Lösung blieb jedoch zunächst aus. Erst 1937 gelang es der Mitte-Links-Regierung unter Premierminister Aimo Kaarlo Cajander, dem Vorsitzenden der Fortschrittspartei, einen gangbaren Weg zu finden. Die Regierung legte fest, dass Finnisch fortan die offizielle Verwaltungssprache der Universität sein solle. Gleichzeitig mussten alle Angehörigen der schwedischsprachigen Fakultätsgruppe, darunter auch die Professoren der fünfzehn eigens für diese Minderheit reservierten Lehrstühle, nachweisen, dass sie die finnische Sprache sowohl mündlich als auch in wissenschaftlichem Kontext beherrschten. Auch von finnischsprachigen Lehrkräften wurde verlangt, ausreichende Kenntnisse des Schwedischen vorzuweisen. Schwedischsprachige Studierende wiederum behielten das Recht, Prüfungen in ihrer Muttersprache abzulegen. Diese Regelung versuchte, den Anforderungen einer zunehmend finnisch dominierten Gesellschaft gerecht zu werden, ohne die Rechte der schwedischsprachigen Minderheit zu verletzen.

Rückblickend lässt sich der stetige Rückgang des Schwedischen im öffentlichen Raum im Vergleich zu 15 % im Jahr 1880 als Resultat eines sprachpolitischen Kompromisses interpretieren, der zugleich als moderner Versuch gelten kann, sprachliche Vielfalt innerhalb eines nationalstaatlichen Rahmens zu sichern. Die Verfassung von 1919 hatte bereits beide Sprachen, Finnisch und Schwedisch, zu gleichberechtigten Amtssprachen erklärt. Dieser Geist der Balance zwischen Mehrheit und Minderheit setzte sich auch in der nachfolgenden Gesetzgebung fort und bildete die Grundlage für einen friedlichen Umgang mit sprachlicher Diversität im modernen Finnland. Heute sprechen nur noch rund fünf Prozent der Bevölkerung Schwedisch.

2.3   Finnische Innen- und Außenpolitik

Zwischen den beiden Weltkriegen prägten Darstellungen des bäuerlichen Lebens und der ländlichen Gesellschaft weitgehend die finnische Literatur. Die Agrarreform von 1920 hatte eine neue Realität geschaffen, weshalb vom Finnland der Zwanziger- bis Vierzigerjahre auch als Republik der kleinen Bauernhöfe gesprochen wurde. Die Zahl der hatte sich zwischen 1910 und 1940 verdoppelt. Der überwiegende Teil der Bauernhöfe war kleiner als 10 ha und produzierte auch die Lebensmittel für die Selbstversorgung. Dank eines sehr großen und effizienten Netzwerks von Genossenschaften konnten Bauern Düngemittel und andere Güter zu günstigen Preisen einkaufen und ihre Produkte auf den Markt bringen. Zwischen

1920 und 1939 verdoppelte sich die Milchproduktion, gleichzeitig nahm die Kartoffelproduktion enorm zu. Die meiste Arbeit auf den Feldern wurde noch immer manuell oder mit Hilfe von Tieren erledigt. Ende der 1930er-Jahre gab es in ganz Finnland lediglich 6000 Traktoren. Maschinen zur Milchverarbeitung waren praktisch unbekannt. Die Bäume wurden im Winter mit Sägen und Äxten gefällt und mit Pferden aus dem Wald geschleppt. Die Holzverarbeitungs- und Weiterverarbeitungsindustrie machte in den Jahren zwischen den beiden Weltkriegen bemerkenswerte Fortschritte. Während der Dekade der Weltwirtschaftskrise (1929–1939) kam es zu einem starken Rückgang der Holzproduktion und zu einem erbitterten Wettbewerb zwischen den holzproduzierenden Ländern Nordeuropas um Marktanteile. Der finnischen Holzindustrie, die vor 1917 vor allem auf den russischen Markt angewiesen war, gelang es, auf den britischen Markt und nach Westeuropa allgemein vorzustoßen. Zu dieser Zeit war Großbritannien der wichtigste kontinentale Zeitungsmarkt. Finnland war das einzige papierproduzierende Land, das seinen Produktionsanteil Jahr für Jahr steigern konnte. Der gesamte finnische Exportsektor basierte hauptsächlich auf verarbeiteten Naturprodukten (Holz) und deren Derivaten (Papier).

Zwischen 1920 und 1939 stieg der Anteil der landwirtschaftlichen Nutzflächen in Finnland um 30 %. Dieser Anstieg ist ein deutlicher Hinweis auf die Entschlossenheit, die Landwirtschaft als wichtige Entwicklungsquelle der finnischen Wirtschaft zu erhalten. Diese Entschlossenheit galt auch für den Kampf um die Ausweitung der Siedlungsgebiete, sogar bis in die kalten und öden Gebiete Nordfinnlands. Während die kommunistische Führung Finnlands im Moskauer Exil durch Stalins Säuberungen dezimiert wurde, bereitete sich die Sozialdemokratische Partei Finnlands auf ihre Rückkehr aus der Verbannung vor, in der sie die Lapua-Jahre von 1930 bis 1932 verbracht hatte. Die Sozialdemokraten war 1927 sogar kurzzeitig als Teil einer Minderheitskoalition an der Regierung beteiligt. Dieses Experiment scheiterte jedoch sowohl an der Ablehnung der nichtsozialistischen Parteien, die sich von dem Sinn einer linken Beteiligung an der Regierungskoalition nicht überzeugen ließen, als auch an den erheblichen ideologischen Vorbehalten innerhalb der Sozialdemokratischen Partei gegenüber einer Koalitionsregierung mit den bürgerlichen Parteien. Die Bedrohung durch die Lapua-Bewegung, die zu dieser Zeit noch deutlich spürbar war, trug dazu bei, die Partei zusammenzuhalten und die Autorität ihres anerkannten Führers Vaino Tanner zu stärken. Zwischen den 1930er- und 1950er-Jahren war er die bedeutendste Persönlichkeit der verfassungstreuen Linken Finnlands.

Bei den Präsidentschaftswahlen 1937 einigten sich die Führer des Landbundes und der Sozialdemokratischen Partei darauf, den Kyosti Kallio vom Landbund in das höchste Amt des Staates zu wählen. Der Vorsitzende der Fortschrittspartei als der kleinsten der fünf großen politischen Parteien wurde damit zum ersten Präsidenten gewählt, obwohl er bei den Wahlen von 1937 nur sieben Sitze errungen hatte. Die so gebildete Cajander-Regierung blieb bis zum Ausbruch des Winterkrieges im Dezember 1939 im Amt. Seine wichtigsten Regierungspartner, der Landbund und die Sozialdemokraten, konnten bei den Wahlen von 1939 ihre Wählererfolge ausbauen. Die Nachfolgeorganisation der Lapua-Bewegung, IKL, fiel von vierzehn auf acht Sitze. Die wahre und tiefe Bedeutung der Regierungskoalition zwischen Agrariern und Sozialisten bestand in der Anerkennung der Notwendigkeit, die Wunden des Bürgerkriegs zu heilen. Die Aussicht, dass Helsinki die Olympischen Spiele 1940 ausrichten würde, trug dazu bei, das Volk zu einen, dessen Mittelstreckenläufer in den 1920er- und 1930er-Jahren bei Wettkämpfen Ruhm und Medaillen errungen hatten.

Der steigende Konsum von Eiern und Fleisch und eine jährliche Wachstumsrate der Industrie von acht Prozent gaben Hoffnung für die Zukunft des Landes, dessen Gesundheits- und Bildungsstandards damals noch zu den niedrigsten der Welt gehörten. Die Kindersterblichkeit verringerte sich von 1900 bis 1939 um die Hälfte. Ein starkes einigendes Moment war die anhaltende Verbreitung von Bussen und Radios, die viel stärker zur Einheit Finnlands beitrugen als die radikalen Populisten in den 1920er-Jahren es sich vorgestellt hatten. In den späten 1930er-Jahren war Finnland noch immer ein vorwiegend landwirtschaftlich geprägtes Land und Helsinki blieb für die meisten Landbewohner fern und fremd, doch seine Architekten und Designer standen an der Spitze der modernen Bewegung. Ihre Schöpfungen wurden in zahlreichen Zeitungen und Zeitschriften beworben und fanden beim Publikum großen Anklang. Auch wenn die finnische Kultur in den ersten zwanzig Jahren des unabhängigen Staates eine mitunter unharmonische Mischung aus Tradition und Moderne darstellte, war sie nie von der Sehnsucht nach einer fernen, vergessenen Vergangenheit geprägt und ließ sich auch nicht von autoritären, repressiven und reaktionären Bewegungen instrumentalisieren. Es gab jedoch einige Probleme, die grundsätzlich mit der Entstehung und Bildung des Nationalstaats zusammenhingen und ungelöst blieben. Das waren Fragen der Loyalität und Solidarität von Personen und Verbänden, verbunden mit Fragen der territorialen Identität Finnlands. Der Zweiten Weltkriegs stellte daher eine entscheidende Bewährungsprobe dar.

Finnland im Zweiten Weltkrieg 3

In der ersten Hälfte der 1930er-Jahre begann das fragile europäische Gleichgewicht des Versailler Vertrages zunehmend zu erodieren. Finnland geriet dabei früh in den Strudel der Großmachtpolitik. Der sowjetische Angriff im Winter 1939, bekannt als Winterkrieg, stellte eine existenzielle Bedrohung dar und machte deutlich, wie verwundbar das Land an seiner Ostgrenze war. Nachdem die Sowjetunion im Juni 1941 erneut gegen Finnland in den Krieg zog und damit den Fortsetzungskrieg eröffnete, entschied sich Helsinki für ein inoffizielles Bündnis mit Deutschland.

3.1 Europäischer und internationaler Kontext

Die Machtübernahme der Nationalsozialisten in Deutschland im Jahr 1933 bedeutete unmissverständlich, dass Deutschland fortan eine revisionistische und revanchistische Politik auf dem europäischen Kontinent verfolgen und die durch den Versailler Vertrag von 1919 auferlegten Verpflichtungen zur Entmilitarisierung ignorieren würde. Diese Situation überraschte sowohl Frankreich als auch Großbritannien, die begannen, eine Appeasement-Politik gegenüber der neuen Nazi-Regierung zu verfolgen. Sie verbanden damit die Hoffnung, eine militärische Konfrontation im Herzen Europas zu vermeiden. Das Nazi-Regime war mit seiner revisionistischen Politik gegenüber den Versailler Auflagen jedoch nicht allein: Obwohl die Sowjetunion unter Stalins Führung ideologisch im direkten Gegensatz zu Berlin stand, verfolgte sie ebenfalls einen strikt totalitären Kurs im Inneren und strebte danach, das machtpolitische Gleichgewicht in Osteuropa grundlegend zu verändern. Dieses Gleichgewicht war maßgeblich durch den Vertrag von

© Der/die Autor(en), exklusiv lizenziert an Springer Fachmedien Wiesbaden GmbH, ein Teil von Springer Nature 2026
M. Longo Adorno, *Kleine Geschichte des modernen Finnland*, essentials,
https://doi.org/10.1007/978-3-658-50859-3_3

Brest-Litowsk geprägt, den das wilhelminische Deutschland den Bolschewiken 1918 aufgezwungen hatte. Finnland, ein traditionell deutschfreundlich eingestelltes Land, das seine nationale Unabhängigkeit zu einem großen Teil der Unterstützung Deutschlands verdankte und zudem direkt an die Sowjetunion grenzte, befand sich dadurch in einer besonders schwierigen Lage.

Die inneren Bindungen, die während der Zeit des Großfürstentums zwischen Finnland und Russland bestanden hatten, waren durch die bolschewistische Revolution von 1917 zerrissen. In den 1930er-Jahren verfolgten die neuen Herrscher in Moskau einen ideologisch-politischen Plan in völligem Kontrast zum zaristischen Vorgänger. Für die finnischen Diplomaten war es schwer, das alles zu verstehen. Einige von ihnen haben versucht, damit umzugehen, allerdings mit nur begrenztem Erfolg. Außenminister Aarno Yrjo Koskinen schloss 1932 einen Nichtangriffspakt mit der UdSSR und arbeitete später als Botschafter in Moskau intensiv daran, die Beziehungen zwischen den beiden Ländern zu verbessern. Allerdings musste auch er zu dem Schluss kommen, dass die sowjetische Außenpolitik sowohl in ihrer theoretischen Konzeption als auch in ihrer praktischen Umsetzung von extremem Misstrauen geprägt war, was diese Aufgabe praktisch unmöglich machte.

Das anhaltende Misstrauen der Sowjets untergrub damit die ersten Schritte hin zu einer stärkeren Stabilität der Beziehungen zwischen Helsinki und Moskau. Diese Schritte wurden vom Außenminister der Cajander-Regierung, Rudolf Holsti, unternommen, der 1937 und damit auf dem Höhepunkt des stalinistischen Terrors den ersten offiziellen Besuch eines finnischen Außenministers in Moskau abstattete. Da die Finnen die Denkweise der paranoiden sowjetischen Führung nicht verstanden, begriffen sie auch nicht, dass jeder Besuch deutscher Militäreinheiten oder Angehöriger als geheime Absprache zwischen Helsinki und Berlin zum Nachteil Moskaus ausgelegt würde. Auch als es Holsti offenbar gelang, die Sowjets davon zu überzeugen, dass Finnland es niemals hinnehmen würde, wenn sein Territorium von einer ausländischen Macht als Basis für einen Angriff auf die UdSSR genutzt würde, gelang es ihm nie, sie davon zu überzeugen, dass Finnland über ausreichende militärische Stärke verfügte, um einen solchen Versuch abzuwehren. Während der gesamten 1930er-Jahre gab es keine einzige Phase, in der die sicherheits- und außenpolitischen Interessen der Sowjetunion und Finnlands übereinstimmten. Finnland war nicht bereit, im sowjetischen Plan zur kollektiven Sicherheit Osteuropas, der 1933 von der Moskauer Diplomatie formuliert wurde, eine Rolle zu spielen und wurde von der Roten Armee zunehmend auf die Liste potenzieller Aggressoren der Sowjetunion gesetzt, neben Polen, dem historischen Feind der Bolschewiki, und Nazi-Deutschland.

Darüber hinaus schwand das Vertrauen Finnlands in den Völkerbund erheblich, insbesondere nachdem die Organisation 1935/36 unfähig war, die italienische

Aggression gegen Äthiopien zu stoppen. Finnland reagierte 1936 gemeinsam mit anderen kleineren europäischen Staaten mit dem Beitritt zur sogenannten Oslo-Gruppe – einer außenpolitischen Verständigungsrunde neutraler Länder wie Schweden, Norwegen, Dänemark, den Niederlanden und Belgien. In diesem Rahmen distanzierte man sich ausdrücklich von der in Artikel 16 der Völkerbundsatzung verankerten Verpflichtung, militärische Hilfe für von Aggression betroffene Mitgliedsstaaten zu leisten. Damit betonten die beteiligten Staaten ihren Willen zur Neutralität auch im Kriegsfall – ein Kurs, der vor allem auf die wachsenden Spannungen in Europa und die Zweifel an der Durchsetzungsfähigkeit des Völkerbundes zurückzuführen war. Der „Anschluss" Österreichs im März 1938 und das Münchner Abkommen im darauffolgenden September, das Hitler das Sudetenland zusprach, beeinflussten Stalins Stimmung stark. Er sah sich einerseits von den Regierungen in London und Paris im Ungewissen gelassen und andererseits zu einem unausweichlichen Krieg mit dem Nazi-Regime verurteilt: die ideologischen Differenzen waren unüberwindbar, aber das Interesse an der geopolitischen Revision von Brest-Litowsk verband die beiden Antagonisten. Dass dies auf Kosten Osteuropas geschehen sollte, sahen beide so.

Zu Beginn des Zweiten Weltkriegs im Herbst 1939 befand sich die Sowjetunion in einer äußerst vorteilhaften Position. Um Deutschland zu ersparen, wie im Ersten Weltkrieg an zwei Fronten zu kämpfen, hat Hitler die Neutralität der UdSSR durch einen am 23. August 1939 zwischen Molotow und Hitlers Außenminister Joachim von Ribbentrop geschlossenen Pakt erkauft. Die geheimen Zusatzprotokolle des Abkommens gaben Stalin Handlungsfreiheit in Ostpolen, den baltischen Staaten und Finnland. Nach der Besetzung Ostpolens durch die Rote Armee am 16. September 1939 waren die baltischen Länder an der Reihe. Estland, Lettland und Litauen wurden gezwungen, gegenseitige Freundschaftsverträge zu unterzeichnen, die es der Sowjetunion erlaubten, auf ihrem Territorium Militärstützpunkte zu errichten. Finnland wurde im Vergleich dazu etwas anders behandelt. Die finnischen Unterhändler waren zumindest anfangs nicht denselben Druckmethoden ausgesetzt, die die Sowjets gegenüber Esten, Letten und Litauern anwandten. Molotow gab die Idee, einen Freundschaftsvertrag zu unterzeichnen, bald auf, und die Sowjets schienen bereit, eine Lösung der Meinungsverschiedenheiten ins Auge zu fassen, die die Erfüllung ihrer Sicherheitsansprüche gleichermaßen gewährleisten konnten. Die Moskauer Verhandlungen, die für Finnland vom erfahrenen Politiker und Russlandkenner Paasikivi geführt wurden, dauerten einen Monat und gaben den politischen Führern beider Länder Gelegenheit, die verschiedenen auf dem Tisch liegenden Optionen sorgfältig abzuwägen. Die Verhandlungen endeten jedoch sehr schnell in einer Sackgasse. Die Finnen waren nicht bereit, bedeutende Zugeständnisse im Bereich ihrer nationalen Sicherheit zu machen, und die Sowjets waren davon überzeugt, dass sie die Finnen in wenigen Tagen ohne allzu große Schwierigkeiten würden besiegen können. Nach dem Scheitern der Verhandlungen mit Finnland traten die Sowjets am 9. November in die heiße Phase militärischer Vorbereitungen ein. Der im Sommer von der Roten Armee ausgearbeitete Angriffsplan wurde Mitte November von Stalin und dem Politbüro endgültig angenommen. Zur gleichen Zeit wurde der Vorsitzende der Kommunistischen Partei Finnlands, Otto Wille Kuusinen, von Stalin in den Kreml berufen, um die Bildung einer Moskau gegenüber loyalen „Finnischen Volksregierung" vorzubereiten, die die offizielle finnische Regierung ersetzen sollte.[1] Die finnische Armee war bereits Mitte Oktober mobilisiert worden, zeitgleich mit dem Beginn der Verhandlungen mit Moskau. Doch die steigenden Kosten für die Kriegsbereitschaft so vieler Soldaten wurden für die finnische Wirtschaft immer unerträglicher. Der Verteidigungsminister musste am 20. November 1939 hart kämpfen, um eine teilweise Demobilisierung von zwei Dritteln der Armeekräfte zu verhindern. Hätten die Sowjets ihren Angriff um einen weiteren Monat verschoben, wären innerhalb des finnischen Widerstands erste Risse deutlich geworden. Als die Rote Armee hingegen am 30. November 1939 angriff, fand sie eine gut vorbereitete und ausgebildete Armee vor, wenn auch mit unzureichender Artillerie- und Luftwaffenausrüstung, und zugleich eine Nation, die in ihrer Entschlossenheit vereint war, dem Angreifer Widerstand zu leisten.

3.2 Winterkrieg (1939–1940)

Am 30. November 1939 begann der erste Krieg zwischen Finnland und der Sowjetunion mit einem Bombenangriff auf Helsinki, gefolgt von einem großen Angriff an mehreren Stellen entlang der über 1000 km langen Front vom Arktischen Meer bis zur Karelischen Landenge. Aufgrund des Zeitpunkts, zu dem er stattfand (von Dezember 1939 bis März 1940), erhielt er den Namen „Winterkrieg". Der

---

[1] Ein typisches Vorgehen der sowjetischen Außenpolitik bestand darin, anstelle eines offenen Eroberungskriegs, der mit der offiziellen bolschewistischen Ideologie nicht vereinbar gewesen wäre – durch politische Einflussnahme Regimewechsel in benachbarten Staaten herbeizuführen. Diese Strategie setzte voraus, dass ein formaler Bezugspunkt geschaffen wurde, über den Moskau indirekt Kontrolle ausüben konnte. In der Praxis bedeutete das meist die Errichtung eines sogenannten „Volksregimes", das ideologisch mit der Sowjetunion übereinstimmte, aber faktisch deren Interessen diente – ein klassisches Marionettenregime. Im Fall Finnlands spiegelte sich dieses Muster in den Aktivitäten der kommunistischen Parteiführung wider, die – mutmaßlich auf direkte Instruktion aus Moskau – einen Regierungswechsel vorbereitete, um das Land politisch an die Sowjetunion zu binden.

Angriffsplan der Roten Armee sah die vollständige Besetzung des finnischen Territoriums innerhalb eines Monats vor, dessen Hauptziel die Karelische Landenge im Süden war. Die Besetzung Helsinkis war innerhalb von zwei Wochen nach Kriegsbeginn geplant. Die erste Kriegswoche brachte jedoch einige bemerkenswerte Überraschungen: Statt eines schnellen und schmerzlosen Vormarsches konnten die Sowjets nicht schneller als fünf Kilometer pro Tag vorrücken. Am Ende der ersten Kampfwoche hatte die Rote Armee den Rand der wichtigsten finnischen Verteidigungslinie auf der Karelischen Landenge, die sogenannte „Mannerheim-Linie" erreicht. Dies war eine Gefahr für wichtige strategische Stellungen weiter nördlich entlang der gesamten Grenze zur UdSSR. Eine Reihe erfolgreicher Verteidigungsaktionen der finnischen Armee von Mitte Dezember 1939 bis Anfang Januar 1940 stärkte jedoch die Moral der sich verteidigenden Truppe und brachte ihr die Bewunderung des Rests der Welt ein. Die Vernichtung zweier sowjetischer Divisionen bei Suomussalmi war von besonderer Bedeutung, denn der Plan, Finnland durch eine schnelle Aktion bei Oulu im Bottnischen Meerbusen in zwei Teile zu teilen, ging nicht auf. Die Finnen erzielten spektakuläre Erfolge in den Gebieten Tolvajarvi nördlich des Ladogasees und Summa auf der Karelischen Landenge. Obwohl sie den Sowjets zahlenmäßig und ressourcenmäßig weit unterlegen waren, verfügten sie über eine Reihe von Vorteilen: Sie kannten das Gelände und waren auch besser für die winterlichen Bedingungen gerüstet. Ihre kleinen Einheiten waren sehr effektiv, insbesondere bei der Durchführung von überraschenden Guerillaangriffen. Als hervorragende Schützen machten die Finnen von den ihnen zur Verfügung stehenden Feuerwaffen exzellenten Gebrauch und entwickelten innovative Taktiken zur Ausschaltung von Panzern. Andererseits führte der Mangel an Erfahrung bei der Planung großer Aktionen zu Fehlschlägen. Die Rote Armee litt vor allem unterschlechter Planung und Unerfahrenheit im Kampf unter winterlichen Bedingungen. Der erbitterte Widerstand der Finnen widersprach dem Ansinnen einer schnellen Einnahme Finnlands. Das führte zu einer radikalen Änderung der Kommandotaktik der Roten Armee. Bis Januar 1940 wurden rund 45 Divisionen mit 600.000 Mann für einen neuen Angriff auf Finnland an die Front geschickt. Gegen diese Übermacht konnten die Finnen nicht mehr viel ausrichten und standen vor der Wahl entweder erhebliche militärische Hilfe von außen zu erhalten oder Frieden auszuhandeln und dabei taktisch geschickt vorzugehen, um die Forderungen Moskaus abzuschwächen.

Trotz des fortdauernden militärischen Drucks signalisierte Moskau über den schwedischen Außenminister Verhandlungsbereitschaft mit der finnischen Regierung in Helsinki, also jener Regierung, die Stalin im Dezember 1939 zugunsten des Marionettenregimes unter Kuusinen abgesetzt hatte. Mit der gezeigten Verhandlungsbereitschaft erkannte Stalin de facto die neue finnische Regierung unter Risto

Ryti an, womit das Kuusinen-Regime faktisch fallengelassen wurde. Da weder Großbritannien noch Frankreich militärisch eingreifen wollten und Deutschland durch den Hitler-Stalin-Pakt an Moskau gebunden war, blieb Finnland im Winterkrieg isoliert. Nach einem letzten sowjetischen Großangriff auf die Karelische Landenge begann Helsinki direkte Verhandlungen. Am 13. März 1940 wurde der Friedensvertrag unterzeichnet. Finnland verlor rund zehn Prozent seines Staatsgebiets, darunter Viipuri, den Saimaa-Kanal sowie strategisch und wirtschaftlich bedeutende Regionen. Zudem musste es die Halbinsel Hanko als sowjetischen Marinestützpunkt abtreten. Der Krieg forderte große Opfer: Zehntausende Kinder wurden ins Ausland evakuiert, viele von ihnen dauerhaft. Die Nachkriegszeit stellte das nationale Zusammengehörigkeitsgefühl auf eine harte Probe.

Die finnische Nation erlitt im Winterkrieg das zweite Trauma in 22 Jahren als eigenständige Nation. Parallel dazu eskalierte die Lage in Europa: Nazideutschland besetzte zahlreiche Länder, während die Sowjetunion die baltischen Staaten und Gebiete im Balkan annektierte und die Balkanprovinzen Bessarabien und die Bukowina besetze. Nach dem Winterkrieg schien Finnland dem Einfluss des deutsch-sowjetischen Bündnisses schutzlos ausgeliefert und rechnete damit, das nächste Opfer zu sein. Doch Hitlers ideologischer und rassistisch motivierter Hass auf die Sowjetunion blieb bestehen – trotz des Nichtangriffspakts. Als sich Deutschland ab 1940 auf den Angriff gegen die UdSSR vorbereitete, gewann Finnland strategisch an Bedeutung. Ab Herbst 1940 begannen intensive Kontakte zwischen deutschen und finnischen Militärs. Deutsche Truppen verlagerten sich nach Lappland und übernahmen dort Verteidigungsaufgaben, um finnische Kräfte für den bevorstehenden Krieg im Osten freizumachen. Damit rückte Finnland an die Seite des Dritten Reichs. Es begann der zweite Akt des Winterkrieges zwischen Finnland und der Sowjetunion, der nun Fortsetzungskrieg hieß. Es erfolgte im Rahmen des größten europäischen Kriegsschauplatzes seit 1812.

3.3   Fortsetzungskrieg

Am 25. Juni 1941 erklärte die Sowjetunion Finnland nach einer Reihe von See- und Luftangriffen auf finnisches Gebiet den Krieg. Damit begann der *Jatkosota*, der Fortsetzungskrieg und zweite Akt der finnischen Beteiligung am Zweiten Weltkrieg. Sowohl hinsichtlich der Truppenstärke als auch der Ausrüstung war die finnische Armee wesentlich stärker als während des Winterkriegs. Nach dem Winterkrieg hatten die Finnen eine Wiederaufrüstungskampagne gestartet und rund 100.000 Männer mehr als vorher in Stellung gebracht: insgesamt 475.000 Mann. Die Artillerien waren wesentlich stärker als zuvor, aber die Defizite sowohl auf operativer als auch auf struktureller Ebene blieben weiterhin bestehen. So gab nur ein einziges Panzerbataillon. Der Mangel an ausreichend motorisierten Truppentransportern zwang die Infanterie größtenteils auf den inneren Linien zur Nutzung des Fahrrads. Die Rote Armee war ebenfalls besser vorbereitet. Ihre besten Männer waren jedoch an der Mittel-Süd-Front konzentriert, um dem Vormarsch der Wehrmacht entgegenzuwirken. Dies bedeutete, dass die Rote Armee an der nordöstlichen Grenze zu Finnland nur achtzehn Divisionen aufstellen konnte, denen fünfzehn finnische und vier deutsche Divisionen gegenüberstanden. Wieder waren die Finnen den Sowjets gegenüber operativ überlegen, und Mannerheims Truppen hatten schnell die Kontrolle über Schlüsselpunkte auf dem Schlachtfeld inne. Die Anfangsphase des Fortsetzungskriegs verlief für Finnland militärisch erfolgreich, auch wenn die Truppen hohe Verluste hinnehmen mussten. Die Bezeichnung „Fortsetzungskrieg" spiegelte die in der finnischen Öffentlichkeit weit verbreitete Überzeugung wider, es handle sich um eine direkte Fortsetzung des Verteidigungskampfes aus dem Winterkrieg. Finnland stand zwar faktisch an der Seite Deutschlands im Krieg gegen die Sowjetunion, betrachtete sich selbst jedoch nicht als Bündnispartner, sondern als eigenständig kriegführenden Staat. Ein formeller Allianzvertrag mit dem Dritten Reich bestand nicht. Die militärischen Operationen unterstanden ausschließlich dem finnischen Oberbefehlshaber Carl Gustaf Emil Mannerheim, der den Kurs der Regierung in Helsinki maßgeblich mitbestimmte.[2] Aus finnischer Sicht ging es in diesem Krieg primär um die Rückgewinnung der im Winterkrieg verlorenen Gebiete sowie um die Sicherung der eigenen strategischen Position im Norden. Die politische Führung betonte gegenüber der Bevölkerung wie auch gegenüber dem Ausland den defensiven, national motivierten Charakter des Krieges. Es galt als primäres Ziel, die innenpolitische Unterstützung zu sichern und zugleich die diplomatischen Beziehungen zu Großbritannien und den USA aufrechtzuerhalten und sie nicht vollständig zu gefährden.

Nach zweieinhalb Jahren Stellungskrieg brach im Sommer 1944 die sowjetische Offensive mit voller Wucht über Finnland herein. Die Verteidigungslinien an der Karelischen Landenge wurden unter massivem Artilleriebeschuss und Angriffen der Roten Armee überrannt, Viipuri fiel nahezu kampflos. Gleichzeitig verlor Ostkarelien seinen strategischen Wert und wurde geräumt. Trotz schwerer Verluste gelang es der finnischen Armee, sich entlang einer neuen Verteidigungslinie nördlich des Ladogasees zu stabilisieren. Die sowjetische Sommeroffensive endete Anfang Juli, aber der politische Schock saß tief: Helsinki war nun zu Friedensverhandlungen bereit, auch unter härtesten Bedingungen. Dem sowjetischen Druck

---

[2] Die durchschnittliche Stärke einer Division der Roten Armee war erheblich geringer als die der entsprechenden deutschen Militäreinheiten.

auf Finnland, die Bedingungen Moskaus ohne Gegenwehr zu akzeptieren, wenn es Frieden wolle, stand die deutsche Erpressung gegenüber, ein vertraglicher Partner Nazi-Deutschlands zu werden, um militärische Hilfe zu erhalten. Finnland lavierte angesichts dieser Herausforderungen diplomatisch. Präsident Rytis Brief an Hitler, in dem er einen Separatfrieden ausschloss, sicherte kurzfristig deutsche Hilfe, eine militärisch notwendige, aber politisch heikle Maßnahme. Dennoch war der strategische Kurswechsel bereits eingeleitet: Mit Rytis Rücktritt und der Wahl Mannerheims zum Präsidenten begann die Lossagung von Berlin. Am 19. September 1944 unterzeichnete Finnland den Waffenstillstand mit der Sowjetunion. Der Fortsetzungskrieg war beendet, das Land trat in eine Phase politischer Unsicherheit ein, zwischen erzwungener Neutralität und der Herausforderung, seine Unabhängigkeit zu bewahren.

Finnland zwischen Gefährdung und Tauwetter (1945–1956)

4

Das folgende Kapitel gibt Einblick in die schwierigen Bedingungen des Zweiten Weltkriegs und der daran anschließenden Nachkriegsordnung, die für Finnland Einschränkungen seiner politischen und diplomatischen Handlungsoptionen bedeutete, aber auch Schlupflöcher und Spielraum ließ. Die Jahre unmittelbar nach der Unterzeichnung des Waffenstillstands im September 1944 werden in der finnischen Geschichtsschreibung als „Jahre der Gefahr" bezeichnet. Ein Name, der die Atmosphäre der Angst und Unsicherheit, die Finnland zu dieser Zeit prägte, sehr gut widerspiegelt.

4.1 Vom militärischen zum politischen Konflikt (1945–1948)

Die alliierte Kontrollkommission als eine Art Instrument sowjetischer Außenpolitik reiste regelmäßig nach Finnland, um die Umsetzung der Waffenstillstandsbedingungen zu überwachen. Vorsitzender der Alliierten Kontrollkommission für Finnland war Schdanow, der als Parteiführer in Leningrad sowohl im Winterkrieg als auch im Fortsetzungskrieg eine Schlüsselrolle gespielt hatte. Der Hauptzweck seiner Tätigkeit bestand darin, sicherzustellen, dass Finnland im Einflussbereich Moskaus blieb. Ende 1944 befand sich Finnland in einer objektiv schwierigen Lage. Die menschlichen und materiellen Verluste waren ein hoher Preis für das Land, dessen Bevölkerung weniger als fünf Millionen Menschen zählt. Neuer Regierungschef war Juho Kusti Paasikivi, der die finnische Politik für Jahrzehnte prägen würde. Mannerheim war kein Freund von ihm, weil er eine zu große Nähe zu Moskau sah. In den Augen des Parlaments war der 73-jährige Paasikivi jedoch der

© Der/die Autor(en), exklusiv lizenziert an Springer Fachmedien Wiesbaden GmbH, ein Teil von Springer Nature 2026
M. Longo Adorno, *Kleine Geschichte des modernen Finnland*, essentials, https://doi.org/10.1007/978-3-658-50859-3_4

einzige finnische Politiker, der in der Lage war, die Regierung erfolgreich zu führen. Darüber hinaus genoss Paasikivi auch bei Stalin großes Ansehen. Mit ihm hatte er die finnisch-sowjetischen Verhandlungen von Oktober bis November 1939 geleitet, also die Phase unmittelbar vor dem Winterkrieg. Passikivi verstand aufgrund seiner langjährigen politischen Erfahrung, dass Finnland nun eine geopolitische und militärische Situation akzeptieren musste, in der die Sowjetunion die Hauptmacht im Baltikum war. Die Zusammensetzung seiner Regierung spiegelte diese Realität deutlich wider. Kommunistische Minister waren in Schlüsselpositionen vertreten, beispielsweise im Sozialministerium mit Yrjo Leino an der Spitze, ein Schwiegersohn des legendären kommunistischen Führers Otto Kuusinen. Das Justizministerium fiel zum kommunistischen Bedauern keinem Kommunisten, sondern Urho Kekkonen von dem Landbund (ab 1965 Zentrumspartei) zu, der als Regierungschef noch eine ganze Ära prägen würde. Nach der Bildung der neuen Regierung zog sich Mannerheim allmählich aus dem politischen Leben zurück, blieb jedoch bis März 1946 als Präsident im Amt. Alter und Krankheit waren Gründe dafür. Für Finnland behielt er aber noch immer einen starken Symbolwert, sowohl für die finnische Bevölkerung als auch für die Sowjets, die in ihm den ultimativen Garanten für die Umsetzung des Waffenstillstands sahen. Die wichtigste Figur im politischen Leben Finnlands war jedoch Paasikivi. Für das finnische Volk war es überaus wichtig einen politischen Kurs zu fahren, der mit den außen- und sicherheitspolitischen Anliegen der Sowjetunion in keinem Fall kollidierte. Finnland befand sich nach dem Ende des Zweiten Weltkriegs in einem Zustand des Aufruhrs, bedingt durch die Rückkehr der demobilisierten Soldaten und dem wachsenden Einfluss der Arbeiterorganisationen. Zum ersten Mal in der politischen Geschichte des Landes gab es kommunistische Minister in der Regierung. Den Kommunisten gelang es, die Unzufriedenheit des Landes mit dem Ausgang des Krieges, die Unzufriedenheit der benachteiligten Klassen und die nie versiegenden Erinnerungen an den Bürgerkrieg von 1918 in politische Zustimmung zu konvertieren. Hinzu kam, dass sie sich als legitime Vertreter des Widerstandes gegen die Nazis betrachteten. Denn in Finnland hatte es während des Zweiten Weltkriegs keine Widerstandsbewegung gegeben. Allerdings waren die meisten der fähigsten und erfahrensten Kader der Kommunistischen Partei Finnlands während Stalins Säuberungen in den 1930er-Jahren umgekommen. Den Gulag-Überlebenden oder den zuvor Gefangenen in Finnland fehlte dagegen die politische Erfahrung.

Schdanow machte den Traum derjenigen finnischen Kommunisten zunichte, die auf ein typisches osteuropäisches Szenario mit proletarischer Revolution und Unterstützung der Roten Armee hofften. So etwas war nicht vorgehen. Das ultimative Ziel der finnischen Kommunisten war die Schaffung einer Volksdemokratie zur Durchsetzung der absoluten politischen Kontrolle über die finnische Gesellschaft.

Ein zentraler Bestandteil dieser Strategie war das Ziel, alle linken Kräfte innerhalb einer einzigen politischen Formation zu vereinen, unter ihrer Führung. Zu diesem Zweck wurde im Oktober 1944 als neue Partei die Demokratische Union des finnischen Volkes (Suomen Kansan Demokraattinen Liitto), kurz Volksdemokraten, gegründet, in der Hoffnung, dass sich ihr auch sozialdemokratische Organisationen anschließen würden, was allerdings nicht geschah. Im Gegensatz zu anderen Ländern, so auch in Westeuropa, zogen es die finnischen Sozialdemokraten vor, ihre Distanz und operative Autonomie gegenüber den Kommunisten zu wahren.

Die finnischen Parlamentswahlen vom 17. und 18. März 1945 waren die ersten freien Wahlen in Europa während des Krieges. Die von den Kommunisten dominierten Volksdemokraten gewannen stark, während die Sozialdemokraten verloren. Der Landbund sicherte sich ebenfalls viele Sitze. Nach den Wahlen bildete Paasikivi eine Dreiparteienregierung, in der die Kommunisten durch die Besetzung des Innenministeriums eine starke Position einnahmen. Dies schien den Weg für eine Annäherung an Moskau zu ebnen, ähnlich wie in anderen osteuropäischen Ländern. Finnland sah sich zudem mit den Herausforderungen der Kriegsverbrecherprozesse und Reparationszahlungen an die Sowjetunion konfrontiert. Das erste Hindernis war die Aburteilung der sogenannten Kriegsverbrecher, die bereits im Waffenstillstandsabkommen mit der Sowjetunion vorgesehen war und von den finnischen Kommunisten auf Betreiben Moskaus forciert wurde. Moskau nutzte dies, um Druck auf die finnische Regierung auszuüben und die politische Führung des Zweiten Weltkriegs anzuklagen. Der Prozess gegen ehemalige hochrangige Politiker endete mit langen Haftstrafen, stieß aber in der finnischen Öffentlichkeit auf Unverständnis. Im Gegensatz zu anderen Ländern gab es keine Todesurteile. Die Verurteilten wurden bald freigelassen und kehrten teilweise in bedeutende Positionen zurück. Ein zentrales Hindernis nach dem verlorenen Fortsetzungskrieg war die im Waffenstillstand 1944 vereinbarte Verpflichtung Finnlands, Kriegsentschädigungen an die Sowjetunion im Wert von 300 Mio. Dollar (zu Preisen von 1938) zu leisten – eine enorme Last für die angeschlagene Wirtschaft. Dennoch konnte Finnland die Situation letztlich besser bewältigen als andere Verliererstaaten wie Rumänien oder Ungarn: Das Land blieb von Besatzungskosten verschont und erlitt geringere Zerstörungen seiner Industrieanlagen. Entscheidend war, dass die Entschädigungen überwiegend in Form von Maschinen und Industrieprodukten zu liefern waren. Das zwang Finnland, seine metallurgische und Maschinenbauindustrie massiv auszubauen; ein Kraftakt, der sich langfristig positiv auf die wirtschaftliche Entwicklung auswirkte. Gleichzeitig war die Sowjetunion auf diese Lieferungen dringend angewiesen: Die Zerstörungen des Krieges und der Ausfall amerikanischer Industrielieferungen zwangen Moskau, auf finnische Exporte zurückzugreifen. In diesem Abhängigkeitsverhältnis zeigte sich die sowjetische Seite zunehmend flexibel: Sie gewährte Finnland Erleichterungen bei Fristen und Summen. Parallel dazu entwickelten sich erste normale Handelsbeziehungen, sodass die Reparationen nicht nur als Last, sondern auch als Chance zur wirtschaftlichen Modernisierung und als Ausgangspunkt für enge Wirtschaftsbeziehungen zwischen Finnland und der Sowjetunion gewertet werden können.

Kurz vor den Olympischen Spielen 1952 in Helsinki hatte Finnland seine Kriegsreparationszahlungen an Moskau abgeschlossen. Die endgültige Summe belief sich auf rund 444 Mio. US-Dollar. Dabei halfen auch günstige Handelsabkommen mit westlichen Ländern, sodass Finnland seinen Verpflichtungen rasch nachzukommen konnte. Dies wäre jedoch ohne den Einsatzgeist der gesamten Bevölkerung nicht möglich gewesen, die die Kriegszeit schnell hinter sich lassen und sich ganz dem Wiederaufbau der Nation widmen wollte. Im März 1946 war Mannerheim von seinem Amt als Präsident der Republik zurückgetreten, am 9. März 1946 folgte Paasikivi als neuer Präsident der Republik. Die erste Herausforderung, der sich Paasikivi stellen musste, bestand darin, die Folgen des Friedensvertrags mit der Sowjetunion auszuhandeln, der am 10. Februar 1947 in Paris mit den siegreichen Alliierten des Zweiten Weltkriegs unterzeichnet wurde. Finnland verlor die gesamte Karelische Landenge im Süden und den Hafen von Petamo im Norden. Der Marinestützpunkt Porkkala, nur 17 km von Helsinki entfernt, wurde als Marinestützpunkt für die Baltische Flotte dauerhaft an Moskau vergeben. Das war eine schwerwiegende Einschränkung der Souveränität, die auch die innere Stabilität Finnlands beeinträchtigen konnte. Paasikivi wies die finnischen Delegierten jedoch an, unverzüglich zu unterzeichnen, da er wusste, dass er keine andere Wahl hatte.

Die Beziehungen zwischen den westlichen Alliierten und der Sowjetunion begannen sich bereits Ende 1945 zu verschlechtern, doch erst zwischen 1947 und 1948, als der Westen das wahre Ausmaß von Stalins Expansionspolitik erkannte, begann der Kalte Krieg. In diesem Stadium bewies Paasikivi seine außergewöhnliche Wendigkeit. Als die USA 1947 den Marshallplan zum wirtschaftlichen Wiederaufbau des durch den Zweiten Weltkrieg zerstörten Europas starteten, beugte sich Finnland dem sowjetischen Druck und schloss sich diesem Plan ebenso wenig an wie die osteuropäischen Länder im Dunstkreis Moskaus. Aber es war nur der erste Schritt. Ende Februar 1948 beendete ein Staatsstreich in Prag die Koalitionsregierung mit den bürgerlichen Parteien. Als Stalin Paasikivi im darauffolgenden Monat nach Moskau rief, um einen Freundschaftsvertrag (eigentlich: Vertrag über Freundschaft, Zusammenarbeit und gegenseitigen Beistand) abzuschließen, schien sich ein ähnliches Szenario auch für Finnland abzuspielen, doch darum handelte es sich nicht. Paasikivi erkannte, dass Stalin in diesem Moment wirklich an der Regelung des außenpolitischen Gleichgewichts interessiert war und nicht an der

Domestizierung einzelner Länder um der Länder willen. Infolgedessen wurde der Freundschaftsvertrag als der wahre Eckpfeiler der finnischen Außenpolitik der Nachkriegszeit im Kreml unterzeichnet und am 28. April 1948 vom finnischen Parlament ratifiziert. Die Unterzeichnung des Freundschaftsvertrages mit der UdSSR gab Paasikivi die Kraft, sich den Kommunisten entgegenzustellen. Anders als im tschechoslowakischen Fall standen ihm die Armee, der öffentliche Dienst und der Großteil der Polizei zur Seite. Die finnischen Kommunisten warteten vergeblich auf Stalins Hilfe. Anstatt sich auf die Kommunistische Partei Finnlands zu verlassen, setzte Stalin beim Aufbau einer stabilen Beziehung zu Finnland auf Paasikivi. Bei den finnischen Parlamentswahlen im Juli 1948 erlitten die Volksdemokraten unter der Federführung der Kommunisten eine schwere Niederlage und verloren dreizehn ihrer einundfünfzig Parlamentssitze. Die Gewinner der finnischen Parlamentswahlen im Sommer 1948 waren die Sozialdemokraten, der Landbund und die Konservativen der Nationalen Sammlungspartei. Nach fünf unruhigen Jahren bereitete sich für das Land eine neue und stabilere politische Phase vor.

4.2 Der Aufschwung (1948–1956)

Der Zufluss von Krediten aus dem Westen und die massive Wiederaufnahme der Exporte in diese Länder nahmen nach der Wahlniederlage der Kommunisten im Juli 1948 und ihrem Ausscheiden aus der Regierung enorm zu. Die letzte Rate der finnischen Reparationen an die UdSSR wurde im Herbst 1952 gezahlt. Die Ausrichtung der Olympischen Spiele in Helsinki im Sommer desselben Jahres war ein bedeutender Vertrauensschub für das Land und eine starke Bekräftigung des nationalen Überlebenswillens. Die finnische Architektur und das Design erhielten während der Olympischen Spiele 1952 eine hervorragende Plattform, um sich der Welt zu präsentieren und um den guten Ruf, den das Land schon seit den 1920er-Jahren hatte, unter Beweis zu stellen. Eliel Saarinen als Architekt des finnischen Jugendstils, für den er zunächst bekannt war, wandte sich später dem Rationalismus zu und entwarf den Hauptbahnhof von Helsinki. Alvar Aalto war der wichtigste Vertreter des Funktionalismus, der stets auf Harmonie mit der Natur achtete.

Der finnische Aufschwung nahm nach Stalins Tod am 5. März 1953 richti Fahrt auf und gab den Beziehungen zur Sowjetunion eine neue Richtung. Bis Herbst 1955 hatte sich die Spannung, die die späte Stalin-Ära geprägt hatte, weitgehend gelegt. Die Gespräche in Moskau über die Verlängerung des Freundschaftsvertrages verliefen freundlich, obwohl die Sowjets keine Grenzänderungen in Karelien akzeptierten. Finnland profitierte jedoch von der Rückgabe des Marinestützpunkts Porkkala und der Zustimmung zum Beitritt zum Nordischen Rat und zur

UN-Generalversammlung. Finnlands Überleben von drei Kriegsjahren, einem schwierigen Waffenstillstand und der Gefahr einer sowjetischen Invasion, gefolgt von einer schnellen wirtschaftlichen Erholung unter Beibehaltung seiner parlamentarischen Demokratie, hat das Interesse vieler Historiker und Politikwissenschaftler geweckt. Die nach dem Zerfall der Sowjetunion zugänglichen Archive haben ein tieferes Verständnis für die Beweggründe der sowjetischen Führung in Bezug auf Finnland ermöglicht. Dennoch hat diese neue Einsicht die bereits 1973 von Anthony Upton geäußerte Ansicht im Grunde bestätigt, dass Stalin, gestützt auf Paasikivi, die finnischen Kommunisten nicht länger benötigte. Die Parteien, mit denen sich die Kommunisten auseinandersetzen mussten, verfügten über eine starke Anhängerschaft in der Bevölkerung und gaben sich nicht mit einer untergeordneten Rolle in einer Volksdemokratie zufrieden. Kurz gesagt verurteilten die finnischen Kommunisten die skandinavische Sozialdemokratie als Produkt des westlichen Imperialismus und taten ihr Bestes, um das von der Sowjetunion etablierte und geförderte osteuropäische sozialistische Modell nachzuahmen. Historisch und kulturell standen sie den schwedischen Sozialisten jedoch viel näher als dem sowjetischen Kommunismus.

Die Finnlandisierung Finnlands 5

Nach dem Ende des Zweiten Weltkriegs war Finnland gezwungen, sich in einer bipolaren Welt neu zu orientieren. Trotz der engen sicherheitspolitischen Bindung an die Sowjetunion gelang es dem Land, seine innenpolitische Stabilität zu wahren und wirtschaftliche Modernisierung voranzutreiben. In den folgenden Jahrzehnten vollzog sich ein tiefgreifender Strukturwandel: Aus einer vorwiegend agrarisch geprägten Gesellschaft wurde ein hoch entwickelter Wohlfahrtsstaat mit moderner Industrie, wachsendem Bildungssektor und zunehmend urbaner Lebensweise. Die Beziehungen zur Sowjetunion blieben dabei ein konstanter Referenzpunkt, setzten der außenpolitischen Handlungsmacht aber auch enge Grenzen. Die politische Kunst jener Jahre bestand darin, diesen Raum zu nutzen, ohne ihn zu überschreiten.

5.1 Ein Anführer im Rampenlicht. Die Ära Kekkonen

Der Wandel von der Agrargesellschaft hin zur postmodernen Gesellschaft entwickelte sich parallel zur Amtsinhaberschafts eines Mannes, der für eine wichtige politische Epoche steht, die seinen Namen trägt: Urho Kaleva Kekkonen, Präsident der Republik Finnland von 1956 bis 1981. Er war populär und umstritten wie keine andere politische Figur im Finnland der zweiten Hälfte des 20. Jahrhunderts. Auch heute noch, fast dreißig Jahre nach seinem Tod, ist er Gegenstand hitziger Debatten. Die teilweise Öffnung der Moskauer Archive nach dem Zerfall der Sowjetunion während der Jelzin-Ära zeigte ein hohes Maß an geheimen Verflechtungen zwischen der politischen Führung der Finnen der Kekkonen-Ära und dem Kreml ans Licht, was sich negativ auf den Ruf des Präsidenten und auch seiner damaligen Mitarbeiter auswirkte.

© Der/die Autor(en), exklusiv lizenziert an Springer Fachmedien Wiesbaden GmbH, ein Teil von Springer Nature 2026
M. Longo Adorno, *Kleine Geschichte des modernen Finnland*, essentials,
https://doi.org/10.1007/978-3-658-50859-3_5

Der Begriff „Finnlandisierung", der ursprünglich von ausländischen Politikern und Kommentatoren geprägt wurde, um die Gefahr eines sowjetischen Kontroll- und Konditionierungsmodells zu beschreiben, etablierte sich in den späten 1960er-Jahren im allgemeinen Sprachgebrauch. In den 80er-Jahren wurde sich seiner wieder vermehrt bedient, denn Kekkonen präsentierte sich der finnischen Bevölkerung für den Geschmack vieler zu sehr als eine Vertrauensperson der sowjetischen Führung. Zwar war von dieser allem Anschein nach keine gegen Finnland gerichtete Politik zu erwarten; abgesehen davon, dass das gesamte Leben Finnlands in einem Abhängigkeitsverhältnis zum großen Nachbarn stand. Umfragen der 1970er-Jahre belegten eine hohe Zufriedenheit mit der finnischen Außenpolitik und die weitverbreitete Überzeugung, dass Finnland ein sicherer Lebensort sei. Doch unter dieser scheinbar beruhigenden Oberfläche existierte eine latente Angst, die in den späteren Jahren von Kekkonens Präsidentschaft immer deutlicher zutage trat, denn die Beziehungen zwischen Helsinki und Moskau waren stets vom wechselnden Verlauf der internationalen Spannungen geprägt. Dies galt vor allem für die europäische Ebene und die von den wechselnden Phasen des Wettrüstens zwischen den USA und der UdSSR geprägten Beziehungen. Eine wichtige Rolle spielten auch die internen Machtkämpfe innerhalb der Kommunistischen Partei der Sowjetunion, insbesondere in der ersten poststalinistischen Phase. Der Umgang mit KGB-Agenten oder der Internationalen Abteilung der KPdSU war ein äußerst riskantes Spiel, stellte für die finnische Führung zugleich aber auch die einzige Möglichkeit dar, direkten Zugang zu den höchsten Ebenen der Sowjetmacht zu erhalten. Im Gegensatz zu all seinen unmittelbaren Vorgängern an der Spitze des Staates hatte Kekkonen seine politische Reife im unabhängigen Finnlands erzielt. Er wurde 1900 in einem kleinen Dorf im Nordosten Finnlands geboren und verkörperte die radikale soziale Tradition, die typisch für den finnischen Nationalismus ist. Der Wunsch nach einer Umgestaltung der finnischen Gesellschaft, den seine frühen und reiferen Schriften bezeugen, begleitete ihn auch während seiner politischen Gestaltung. Dies kam in der letzten Phase seines Lebens erneut zum Vorschein. Der junge Urho Kekkonen hatte seine politische Laufbahn in der Karelischen Akademischen Gesellschaft, einem Zentrum des finnischen Studentennationalismus, begonnen. Anfang der 1930er-Jahre leitete er den Nationalen Sportverband und übernahm 1938 mit dem Amt des Innenministers erstmals eine Position von nationaler Bedeutung. In den Jahren nach dem Zweiten Weltkrieg profilierte sich Kekkonen als Politiker, der bereit war, schwierige und heikle Aufgaben zu übernehmen. Innerhalb seiner Partei, dem Landbund (Maalaisliitto), später Zentrumspartei, setzte er sich für eine aktive und pragmatische Außenpolitik ein und stellte sich damit gegen die konservativeren Kräfte. Von 1950 bis 1953 sowie noch einmal 1954 bis 1956 war Kekkonen Ministerpräsident und wurde in dieser Zeit faktisch zum designierten Nachfolger von Präsident Juho Kusti Paasikivi. 1956 wurde er schließlich selbst zum Präsidenten der Republik gewählt, ein Amt, das er in der Folge sechsmal verteidigen konnte, ein Rekord in der finnischen Geschichte.

Kekkonen hatte früh zwei entscheidende Entwicklungen erkannt: Erstens deuteten die diplomatischen Zeichen zunehmend auf eine Entspannung zwischen Ost und West hin, die im Sommer 1955 in einem Gipfeltreffen zwischen den USA und der UdSSR in Genf ihren Ausdruck fanden. Zweitens war innerhalb der sowjetischen Führung ein Machtwechsel im Gange: Nikita Chruschtschow setzte sich gegen die alte stalinistische Garde um Molotow durch. Trotz der instabilen innenpolitischen Verhältnisse in Finnland, die durch häufige Regierungswechsel geprägt waren, gelang es Kekkonen, eine dominante Stellung einzunehmen. 1958 etwa gewannen die Kommunisten sieben weitere Sitze und wurden zur stärksten Fraktion im Parlament. Dennoch konnten sie keine Regierungskoalition bilden. Moskau übte in dieser Situation keinen Druck aus, um die Kommunisten an der Regierung zu beteiligen. Wichtiger war der Sowjetunion Kekkonens Loyalität und seine Verlässlichkeit. Ein außenpolitischer Erfolg gelang Kekkonen 1960, als er im Zuge der Spannungen um den Abschuss eines US-amerikanischen Spionageflugzeugs (U-2) der Sowjetunion die Zustimmung zum Beitritt Finnlands zur Europäischen Freihandelsassoziation (EFTA) abrang. Chruschtschow stimmte zu, unter der Bedingung, dass dadurch der Meistbegünstigungsstatus der UdSSR, wie er im Pariser Friedensvertrag von 1947 festgelegt war, nicht beeinträchtigt würde. Die sogenannte Notenkrise, bei der es um diplomatische Noten ging, die sowjetische Vorbehalte gegenüber Finnland zum Gegenstand hatten, konnte Kekkonen für sich entscheiden: Er festigte seine Position und sicherte sich die Wiederwahl zum Präsidenten.

5.2 Gefährliche Beziehungen

Kekkonen pflegte zwar enge und freundschaftliche Kontakte zur sowjetischen Führung, doch das bedeutete keineswegs, dass er nicht hart kämpfen musste, um für Finnland lebenswichtige Abkommen und Zugeständnisse zu erzielen. Es gelang ihm nie, Chruschtschow auch nur zu einer teilweisen Rückgabe der Karelischen Landenge zu bewegen. Er erreichte lediglich einen Pachtvertrag für die Nutzung des Saimaa-Kanals, des wichtigsten Kanals des Landes. Während seiner dritten Amtszeit als Präsident von 1968 bis 1974 war Kekkonen mit einer Reihe von Problemen konfrontiert, die die Stabilität seiner Grundstrategie gefährdeten, nämlich die Aufrechterhaltung eines soliden Verhältnisses zur UdSSR und gleichzeitig die Aufrechterhaltung eines guten Verhältnisses zu seinen westeuropäischen Partnern.

Das Hauptproblem waren die Beziehungen zwischen Finnland und den EWG-Mitgliedsländern. Um derart komplexe und offenbar widersprüchliche Dossiers wirksam zu nutzen, konnte sich Kekkonen nicht allein auf traditionelle diplomatische Kanäle verlassen. Die KGB-Agenten in Helsinki waren Experten für finnische Angelegenheiten, beherrschten die Sprache fließend und verfügten über ein breites Kontaktnetzwerk, das sie sich im Laufe ihrer langjährigen Tätigkeit in Finnland aufgebaut hatten. Sie genossen das Vertrauen von Kekkonen und einer großen Zahl lokaler Politiker. Kekkonens wichtigste Mitarbeiter seit seiner ersten Amtszeit waren der Sekretär seiner Partei, des Landbundes, Arvo Korsimo, sein Privatsekretär Ahti Karjalainen und der Professor Kustaa Vilkuna, der während des Zweiten Weltkriegs die Zensurbehörde geleitet hatte. Die bevorzugte, wenn nicht einzige Kontaktperson war stets Viktor Vladimirov, KGB-Resident in der sowjetischen Botschaft in Helsinki und Direktor der Abteilung 4 des KGB. Dies waren die Säulen jener Paralleldiplomatie, die Kekkonen gerne und mit großer Wirksamkeit einsetzte, um seine politischen Ziele im In- und Ausland zu erreichen. Dazu gehörte 1971 das in Helsinki unterzeichnete Abkommen über die freie Assoziierung mit der EWG. In der Zwischenzeit hatten die Finnen jedoch ein geheimes Handelsabkommen mit der Sowjetunion geschlossen, wonach die Regierung in Helsinki der Regierung in Moskau dieselben Rechte und Handelsvorteile garantierte, wie sie den EWG-Ländern gewährt wurden. Kekkonen glaubte fälschlicherweise, die sowjetische Führung vertraue ihm blind. Höchstwahrscheinlich überschätzte er seine Fähigkeit, Breschnews obsessives, fast pathologisches Misstrauen zu überwinden. Die Rahmenbedingungen Anfang der siebziger Jahre des zwanzigsten Jahrhunderts machten alles viel schwieriger als in der Vergangenheit. Nachdem die sowjetischen Führer Dubceks Reformbewegung in der Tschechoslowakei 1968/69 im Keim erstickt hatten, waren sie entschlossen, die Länder, die sie als in ihrem Einflussbereich liegend betrachteten, weiterhin fest im Griff zu behalten. Finnland war eines dieser Länder. Freigegebene sowjetische Archivdokumente aus der Jelzin-Ära haben enthüllt, wie Alexei Beljakow, ein wichtiges Mitglied des Außenministeriums der KPdSU, nach Finnland geschickt wurde, um sicherzustellen, dass die Kommunisten an der Regierung blieben, und wie seine Bemühungen letztlich darauf zielten, Finnland in ein sozialistisches Land zu verwandeln.

Die politisch links verortete radikale Jugendbewegung der späten 1960er und frühen 1970er-Jahre in Europa hat in der KPdSU vermutlich den Glauben an eine revolutionäre Stimmung in Finnland genährt. Diese Hoffnung erfüllte sich jedoch nicht, da weder Sozialisten noch Kommunisten den jungen Radikalen viel Einfluss einräumten. Der als zu nachgiebig geltende Beljakow wurde auf Betreiben Kekkonens nach Moskau zurückberufen. Kekkonen nutzte seine KGB-Kontakte auch, um Gegner zu neutralisieren und seine Position zu festigen, was in Moskau zur

Überzeugung führte, dass es zu ihm keine Alternative an der Spitze Finnlands gab. In Finnland ebenso. Infolgedessen unterstützten bis Ende 1973 alle wichtigen finnischen Parteien seine vierte Wiederwahl, die auch von Moskau abgesegnet wurde. Ein entsprechendes Gesetz wurde rasch verabschiedet. Seine vierte Amtszeit begann 1974. Moskau erwartete, dass Kekkonen auch nach 1977 im Amt blieb, solange sein Gesundheitszustand es zuließ. Mit breiter Unterstützung wurde er 1978 für eine fünfte Amtszeit wiedergewählt, musste aber 1981 aufgrund seines sich rapide verschlechternden Gesundheitszustandes vorzeitig zurücktreten.

5.3   Eine Gesellschaft im Wandel (1973–1981)

Es wäre verkürzt, Finnland unter Kekkonen nur außenpolitisch zu betrachten, denn seine bedeutendsten Leistungen lagen in der Innenpolitik. Während seiner Präsidentschaft erfuhr Finnland einen tiefgreifenden Wandel, der sich zwischen dem Ende des 20. und dem Beginn des 21. Jahrhunderts vollzog. Das unter Paasikivi begonnene Sozialversicherungssystem wurde unter Kekkonen vollendet. Damit glich Finnland sich seinen skandinavischen Nachbarn an. Gleichzeitig erlebte das Land zwei miteinander verbundene Phänomene: eine massive Landflucht in die Städte von Mitte der 1950er bis Ende der 1970er-Jahre, die das agrarische Finnland in eine städtisch-kosmopolitische Gesellschaft verwandelte, und eine anhaltende Auswanderung, vor allem ins benachbarte Schweden. Während Nordeuropa im 20. Jahrhundert aufgrund von Wohlstand und Sicherheit kein Auswanderungsgebiet mehr war, blieb Finnland eine Ausnahme davon. Wegen der Angst vor dem sowjetischen Nachbarn gab es nicht wenige, die ihr Zuhause verließen. Ein weiteres Problem war die chronische Schwäche der finnischen Währung, der Mark, die regelmäßigen Abwertungen unterlag, was mit den häufigen Regierungswechseln einherging. Eine schwankende Wirtschaft und ständige politische Instabilität machten die 1970er-Jahre zu einer sehr schwierigen Zeit für Finnland. Die im letzten Jahrzehnt begonnenen Sozialversicherungsprojekte wurden immer teurer, da die einzelnen Regierungen mit den immer schwerwiegenderen Auswirkungen der Inflation zu kämpfen hatten. Das Preis- und Lohnpaket von 1969, das eine breite Palette von Maßnahmen zur sozialen Absicherung umfasste, war zwar ein kurzfristiger Erfolg, doch angesichts der schwierigen Wirtschaftslage in den 1970er-Jahren erwies sich seine volle Durchsetzung als schwierig.

Meinungsverschiedenheiten über die Lösung der schwerwiegenden Wirtschaftsprobleme des Landes prägten die politische Landschaft Finnlands in den 1970er-Jahren. Die Regierungskoalitionen waren sich in zentralen Fragen wie dem Freihandelsabkommen mit der EWG, das die Kommunisten konsequent ablehnten, sehr oft uneinig. Die vorherrschende Stellung von Mitte-Links-Koalitionen, zu denen auch Vertreter des reformistischen Flügels der Kommunisten zählten, erleichterte einerseits die Umsetzung weitreichender Sozialpolitiken. Andererseits waren derartige Konstellationen nicht für Planungssicherheit geeignet. Im Februar 1974 schlug die Sowjetunion Finnland ein Abkommen vor, das die vollständige Energieversorgung Finnlands durch die UdSSR für fünfzig Jahre vorsah. Finnland strebte zwar eine verstärkte wirtschaftliche Zusammenarbeit an, lehnte diesen weitreichenden Vorschlag jedoch ab. In zähen Verhandlungen über den Ölpreis drohte Kekkonen mit politischem Chaos und Massenprotesten, sollte Finnland einen über dem Marktpreis liegenden Preis akzeptieren müssen. Schließlich willigte Moskau im Herbst 1973 in ein Freies Assoziierungsabkommen Finnlands mit der EWG ein, parallel zu einem ähnlichen Abkommen mit dem Comecon. Dieses Abkommen sicherte Finnlands Energieversorgung in einer schwierigen wirtschaftlichen Lage und ermöglichte der finnischen Industrie, insbesondere der Textilbranche, den sowjetischen Markt mit garantierten Preisen zu beliefern. Diese überstürzt ausgehandelte Übereinkunft schuf jedoch auch einen starren Handelsmechanismus, der den Zusammenbruch der UdSSR 1991 nicht überdauerte und viele finnische Unternehmen, besonders im Textilsektor, hart traf.

Kekkonens letztes Jahrzehnt als Präsident war von bedeutenden außenpolitischen Erfolgen geprägt, darunter die Ausrichtung der KSZE-Schlussphase in Helsinki und die ersten SALT-Gespräche zwischen den USA und der UdSSR, die ebenfalls dort stattfanden. Die sowjetische Beharrlichkeit in Bezug auf den Freundschaftsvertrag als Grundlage der finnisch-sowjetischen Beziehungen und der finnischen Außen- und Sicherheitspolitik erschwerte Kekkonens Bemühungen um Neutralität zwischen den Blöcken. Auch die fortgesetzte sowjetische Einmischung in die finnische Innenpolitik, bis hin zum Druck auf Verlage, in den Augen Moskaus ungeeignete Werke nicht zu veröffentlichen wie die Memoiren Leinos und Solschenizyns „Archipel Gulag" war hinderlich. Kekkonens Rückzug bedeutete kein Ende der besonderen finnisch-sowjetischen Beziehungen. Obwohl seine Nachfolger innenpolitisch anders agierten, funktionierte das System der Einflussnahme Moskaus auf Finnland durch Vertrauenspersonen weiterhin im Sinne der Paasikivi-Kekkonen-Linie.

Finnland zwischen dem 20. und 21. Jahrhundert

6

Finnlands Politik gegenüber der Sowjetunion war lange von Vorsicht geleitet. Die Politik der „guten Nachbarschaft" verhinderte sogar eine Verurteilung des Attentats auf Gorbatschow im August 1991. Aber es war bis auf Ausnahmen keine Zuneigung im Spiel, sondern überwiegend Vorsicht, aufgrund der sich Finnland nach dem Überfalls Russlands auf die Ukraine für einen NATO-Beitritt entschieden hat.

6.1 Neue Leute für eine neue Politik (1982–1991)

Die Ära Kekkonen endete offiziell im Oktober 1981, als sich der alte Präsident aus gesundheitlichen Gründen aus dem politischen Leben zurückzog. Sein Nachfolger wurde Mauno Koivisto, Vorsitzender der Sozialdemokratischen Partei. Als Veteran des Zweiten Weltkriegs hatte sich Koivisto Anfang der 1950er-Jahre politisch einen Namen gemacht, als er den kommunistischen Einfluss im Gewerkschaftsbereich in Turku entschlossen bekämpfte. Dass er den Sieg einfuhr, war wichtig, vor allem, weil das Präsidentenamt erstmals an einen Sozialisten ging, was zuvor durch das sowjetische Veto seit 1944 stets verhindert wurde. Die Kommunisten verließen zudem Ende 1982 die Regierung, wodurch das von Kekkonen aufgebaute Gleichgewicht beruhte. Der Anfang vom Ende des organisierten kommunistischen Einflusses in Finnland zeigte sich bei den Parlamentswahlen von 1983 mit einem Verlust von sieben Sitzen. Nach den größten Wahlerfolgen der ersten Nachkriegsjahre, in denen der kommunistische Stimmenanteil regelmäßig bei rund einem Fünften bis zu einem Viertel an der Gesamtwählerschaft gelegen hatte, endete der Einfluss der kommunistischen Partei, die rasch zur Linksunion (Vasemmistoliitto) mutierte und im Jahr 1991 auf 19 Sitze kam. Ein weiteres Zeichen dafür, wie und

© Der/die Autor(en), exklusiv lizenziert an Springer Fachmedien Wiesbaden GmbH, ein Teil von Springer Nature 2026
M. Longo Adorno, *Kleine Geschichte des modernen Finnland*, essentials, https://doi.org/10.1007/978-3-658-50859-3_6

wie sehr sich die Zeiten geändert hatten, war die Aufnahme von Vertretern der populistischen Abspaltung der Landpartei (Suomen maaseudunpuolue) in die Regierung nach ihrem Wahlerfolg von 1983. Ihr Vorsitzender Veikko Vannamo war der radikalste Gegner Kekkonens und einer der wenigen, wenn nicht der einzige, den der alte Präsident nicht zum Schweigen bringen konnte. Der Niedergang der Ära Kekkonen wurde 1987 noch deutlicher, als die Konservativen wieder die Regierung übernahmen.

1983 wurde der Freundschaftsvertrag um weitere 12 Jahre verlängert. Auch in schwierigen Situationen wie dem Raketenabsturz von 1986 oder der Tschernobyl-Katastrophe vermied die finnische Regierung öffentliche Kritik an der Sowjetunion. 1985 wurde Finnland Vollmitglied der EFTA und intensivierte die Beziehungen zu Skandinavien. Präsident Koivisto pflegte gute Beziehungen zu Gorbatschow und Bush sen. und spielte eine Vermittlerrolle im späten Kalten Krieg. Offiziell blieb Finnlands Politik gegenüber der Sowjetunion von Vorsicht geleitet, obwohl die estnische Unabhängigkeitsbestrebungen vorsichtige Unterstützung aus Helsinki erhielten. Koivistos Regierung zeigte im Vergleich zu Schwedens offener Unterstützung eine distanziertere Haltung gegenüber den baltischen Staaten.

6.2   Vom Zusammenbruch der Sowjetunion bis zum Beitritt zur Eurozone (1992–1995)

Als das Scheitern des Putsches gegen Gorbatschow und das Ende der UdSSR absehbar wurden, reagierte Finnland schnell. Der Auswärtige Ausschuss des Parlaments befürwortete die Wiederaufnahme diplomatischer Beziehungen zu den baltischen Staaten, deren Annexion durch die Sowjetunion Helsinki nie offiziell anerkannt hatte. Gleichzeitig kündigte der finnische Ministerpräsident am 3. September 1991 öffentlich ernsthafte Erwägungen eines Beitritts zur Europäischen Union an. Bereits im September 1990 erklärte Finnland, dass die militärischen Bestimmungen des Freundschaftsvertrags mit der Sowjetunion durch die deutsche Wiedervereinigung und die veränderte geopolitische Lage hinfällig geworden seien. Nach dem Zerfall der UdSSR im Dezember 1991 wurde der Vertrag offiziell obsolet und 1992 durch neue politische und wirtschaftliche Abkommen mit der Russischen Föderation ersetzt. Das Ende des alten Vertragswerks, das in der Ära Kekkonen die Grundlage der finnischen Außenpolitik gebildet hatte, veränderte das politische Machtgefüge im Land und stärkte die Rolle der jeweiligen Regierungen gegenüber dem Präsidentenamt.

Diese außenpolitische Zäsur fiel in eine Phase schwerer innenpolitischer und wirtschaftlicher Krisen. Anfang der 1990er-Jahre stürzte Finnland in eine tiefe Rezession mit einem geschrumpften Bruttoinlandsprodukt und einem lädierten Bankensystem, das durch staatliche Eingriffe stabilisiert werden musste. Die Arbeitslosigkeit erreichte 1995 einen historischen Höchststand von 17 %. In diesem Kontext begannen die Beitrittsverhandlungen mit der Europäischen Union. Führende Politiker wie den Sozialdemokraten Paavo Lipponen sahen im EU-Beitritt die Chance, Finnland außenpolitisch gleichberechtigt in den Westen einzubinden und die Abhängigkeit von Russland endgültig zu überwinden. Der Konservative Pertti Salolainen sah darin zusätzlich die Möglichkeit, die bisherige Paasikivi-Kekkonen-Doktrin abzulösen und die europäische Identität Finnlands stärker in den Vordergrund zu rücken. Zudem herrschte die Befürchtung, Finnland könnte ins Hintertreffen geraten, wenn es nicht gemeinsam mit Österreich und Schweden der EU beitreten würde und stattdessen später zusammen mit den ehemaligen Sowjetrepubliken beitreten müsste, was einen erheblichen Prestigeverlust bedeutet hätte.

Mit der für Neulinge typischen Begeisterung begrüßte die politische und intellektuelle Elite Finnlands den neuen Mittelpunkt der nationalen Identität in Europa. Das Referendum über den Beitritt Finnlands zur Europäischen Union fand am 16. Oktober 1994 mit einer Beteiligung von 74 % der Wahlberechtigten statt und verzeichnete 56,9 % dafür, 43,11 % dagegen. Finnland trat der Europäischen Union im Januar 1995 unter der Präsidentschaft von Martti Ahtisaari bei, einem erfahrenen sozialdemokratischen Abgeordneten, der sich als UN-Sondergesandter für Namibia einen Namen gemacht hatte. Ahtisaari machte deutlich, dass er die traditionellen Vorrechte des Präsidenten in Sicherheits- und Außenpolitik wahren wolle und gleichzeitig das Land bei offiziellen Treffen vertreten werde. Umgekehrt setzten sich sowohl Ministerpräsident Esko Aho als auch Außenministerin Anneli Jaateenmaki über den Verfassungsausschuss des Parlaments für eine bedeutende Änderung des Status Quo ein, indem sie der Regierung das Recht übertrugen, zu entscheiden, wer Finnland bei den Treffen der Europäischen Union vertreten soll. Die Quadratur des Kreises gelang im Jahr 2000 mit der Ausarbeitung einer neuen Verfassung, die das Machtgleichgewicht deutlich zugunsten von Regierung und Parlament verschob. Die Verfassung wurde im März 1999 von zwei Dritteln des Parlaments angenommen und trat im darauffolgenden Jahr in Kraft. Tarja Halonen trat ihr Amt als elfte Präsidentin der Finnischen Republik an. Der Hauptantrieb für diesen Wandel war zweifellos Kekkonens exzessiver Gebrauch seiner Macht als Präsident. Auch im Hinblick auf die Gleichstellung der Geschlechter war Halonens Sieg bei den Präsidentschaftswahlen im Jahr 2000 von Bedeutung. Nur vier der sieben Präsidentschaftskandidaten bei diesen Wahlen waren Frauen. Finnland war 1906 das erste europäische Land, das Frauen das Wahlrecht gewährte, und 1907 wurden neunzehn von ihnen in die erste Eduskunta gewählt. In den darauffolgenden fünfzig Jahren stieg diese Zahl jedoch nicht nennenswert an und begann erst in den letzten beiden Jahrzehnten des 20. Jahrhunderts allmählich zu steigen. Seit 1987 ist die Wahlbeteiligung der Frauen in Finnland höher als die der Männer.

6.3   Herausforderungen: Der Krieg in der Ukraine und der NATO-Beitritt

Das finnische Verwaltungssystem hat in den letzten 20 Jahren radikale Veränderungen erfahren. Im Jahr 1996 wurden die elf Hauptregionen des Landes auf fünf reduziert: Oulu, Lappland, Südfinnland, Ostfinnland, Westfinnland. Diese Maßnahmen ähnelten denen anderer europäischer Länder und fanden vor dem Hintergrund einer sich rasch wandelnden gesellschaftlichen Realität statt. Heute lebt nur noch ein kleiner Teil der finnischen Bevölkerung von Land und Wald. Beides war lange Zeit die Lebensader der Wirtschaft mit einem Anteil von einem Fünftel der gesamten Erwerbsbevölkerung. Vor fünfzig Jahren lebte weniger als jeder dritte Finne in einer Stadt; 2012 war es noch jeder Dritte.

Die schwere Banken- und Finanzkrise der frühen 1990er-Jahre wurde 1996 zwar überwunden, sie ging jedoch mit tiefgreifenden Strukturveränderungen einher, die das Gesamtbild der finnischen Gesellschaft radikal veränderten. Die Entwicklung der Elektronikbranche verlief spektakulär. Ab der zweiten Hälfte der 1990er-Jahre kam es zu einem Anstieg der Exporte, angetrieben von der Marke Nokia, der gegenüber dem traditionellen Sektor der Holz- und Papierindustrie den Spitzenplatz einnahm. Finnlands Finanz- und Industriesektor war vollständig in den Weltmarkt integriert: weit über 60 % der Produktion großer Unternehmen wurde exportiert. Die globale Finanzkrise von 2008, ausgelöst durch die US-Subprime-Krise, traf die Eurozone und dabei insbesondere Finnland hart. Die Elektronikindustrie, in den 1990er-Jahren Finnlands Weg aus der Rezession, erlitt in der Krise und aufgrund starker internationaler Konkurrenz massive Stellenstreichungen, was das Ende des Nokia-Modells bedeutete. Die Krise der 2010er-Jahre verschärfte regionale Ungleichheiten innerhalb Finnlands, auch in Südfinnland, das wirtschaftlich deutlich weiterentwickelt war. Zudem steht Finnland absehbar und nicht untypisch für Europa und andere Wohlfahrtsgesellschaften vor der Herausforderung einer schnell alternden Bevölkerung, die in den nächsten zwei Jahrzehnten den höchsten Anteil an über 65-Jährigen in Europa aufweisen wird.

Die finnische Berichterstattung über Putins erste Jahre an der Macht bot keine nennenswerten Erkenntnisse, was auch an der Verhaltensstrategie des neuen Kremlchefs lag, der darauf bedacht war, in die Fußstapfen seines Vorgängers Jelzin zu treten und sich selbst als Bannerträger des Dialogs mit dem Westen anzubieten.

Sogar der finnische Flüchtlingsverband aus Karelien hatte eine Petition an Putin gesandt, in der er den russischen Präsidenten aufforderte, den Flüchtlingen ihr Recht auf Rückkehr in die endgültig annektierten Gebiete zurückzugeben oder zumindest anzuerkennen. Natürlich wurde dieser Bitte nicht nachgekommen, doch sie ist ein Hinweis auf den Ruf Putins als aufgeschlossener Mann für Dialog und Diplomatie, den er in den ersten Jahren des neuen Jahrhunderts in Finnland genoss.

Nach Putins Rede auf der Münchner Sicherheitskonferenz im Jahr 2007 begann sich das Klima in der finnischen Öffentlichkeit gegenüber Putin und dem von ihm geformten neuen Russland allmählich zu ändern. Erinnerungen an die Erfahrungen des 20. Jahrhunderts wurden wach: Moskau als Protagonist im Baltikum, angefangen beim Molotow-Ribbentrop-Pakt, dem Winterkrieg und der Annexion der baltischen Republiken bis hin zur Zeit der Finnisierung in der Kekkonen-Ära, die Putin als ideale Form politischer Beziehungspflege zwischen Moskau und Helsinki interpretierte. Der Beitritt der baltischen Republiken zur Europäischen Union und später zur NATO hat die Sorge noch weiter verschärft. Bezeichnend für diese Geisteshaltung sind die Aussagen von General Nikolai Makarov, dem damaligen Oberbefehlshaber der Russischen Föderation, auf einer von der finnischen Verteidigungsvereinigung organisierten Konferenz an der Universität Helsinki am 6. Juni 2012, also zwei Jahre vor Ausbruch der Ukraine-Krise. Bei dieser Gelegenheit erklärte Makarov ausdrücklich, dass ein möglicher Beitritt Finnlands zur NATO eine direkte militärische Bedrohung für Moskau darstellen würde. Russland äußerte sich außerdem besorgt über die zunehmende militärische Zusammenarbeit Finnlands mit NATO-Staaten und mit den anderen skandinavischen Ländern, die nicht Mitglieder des Atlantischen Bündnisses sind.

Der Ausbruch der Ukraine-Krise zwei Jahre später und die damit verbundene Wiederbelebung chauvinistischer, militaristischer und revanchistischer Töne aus Russland sorgten für weitere Sorgen in Finnland. Selbst die zumindest dem Anschein nach soliden zwischenmenschlichen Beziehungen zwischen Putin und dem Präsidenten der Republik Finnland, Sauli Niinisto, der seit 2012 im Amt war, konnten diese nicht zerstreuen. 47 % der finnischen Bevölkerung favorisierten 2017 den Beitritt des Landes zur NATO. Demgegenüber schenkten nur 30 % den Beteuerungen Putins Glauben, ein verlässlicher Partner zu sein. Sicherheitsexperten teilten diese russlandkritische Auffassung, was sich in der Befürwortung der Beibehaltung der Wehrpflicht ausdrückte, die nicht wie in Schweden 1994 abgeschafft werden sollte. Auch die Nichteinhaltung des Vertrags zum Verbot von Antipersonenminen ist in diesem Zusammenhang anzusiedeln. Für ein Land wie Finnland mit einer langen Grenze von 1300 km zu Russland sind diese Waffen unabdingbar. Russland betrachtete all dies mit großer Skepsis.

Die brutale Aggression Putins mit ihrem massiven Angriff auf die Ukraine im Februar 2022 hat das Zögern Finnlands und Schwedens beendet: Am 18. Mai 2022 überreichten sowohl Helsinki als auch Stockholm die offizielle Beitrittserklärung zur Atlantischen Allianz NATO. Der Antrag wurde nach anfänglichem Widerstand durch Erdogan aus der Türkei von der Mehrheit der europäischen NATO-Mitgliedsstaaten begrüßt. Am 3. April 2023 wurde Finnland als 31. Mitglied der NATO aufgenommen, am 7. März 2024 folgte Schweden als 32. Mitglied. Mit Finnland gewinnt die NATO einen verlässlichen Partner für den Schutz ihrer nordöstlichen Flanke des baltisch-skandinavischen Raums, eine Rolle, die Dänemark und Norwegen nicht übernehmen können. Finnland verfügt über eine mobilisierbare Reserve von bis zu 300.000 Soldaten und wird mit 64 F35-Kampfflugzeugen seine Luftwaffe erheblich verstärken, was die finnischen Streitkräfte zusammen mit den britischen zu den besten in Europa macht. Schweden plant, seine Streitkräfte bis 2025 auf 90.000 Mann aufzustocken und besitzt eine bedeutende Rüstungsindustrie. Während die öffentliche Meinung zum NATO-Beitritt leicht unterschiedlich ausfällt (in Finnland zeigte sich eine deutlichere Befürwortung gegenüber Schweden), wird allgemein anerkannt, dass Russlands Aggression gegen die Ukraine im Februar 2022 eine neue Sicherheitsgefahr für Finnland, Schweden, den baltisch-skandinavischen Raum und die Welt insgesamt darstellt.

Fazit

Finnland ist kein Randfall Europas, sondern ein Schlüsselfall. Seine Geschichte zeigt, wie ein kleiner Staat zwischen Großmächten über Jahrhunderte hinweg Eigenständigkeit entwickeln, verteidigen und in moderne politische Strukturen überführen konnte. Dass es dazu nicht nur Diplomatie, sondern auch Glück und die Gunst mancher Stunde brauchte, versteht sich von selbst. Von den historischen Spannungsfeldern zwischen Schweden und Russland über die Herausforderungen der Kriege bis zur NATO-Mitgliedschaft nach 2022: Finnland steht exemplarisch für nationale Selbstbehauptung unter geopolitischem Druck – und für die Notwendigkeit, Geschichte als Kompass in unruhigen Zeiten zu verstehen.

M. Longo Adorno, *Kleine Geschichte des modernen Finnland*, essentials, https://doi.org/10.1007/978-3-658-50859-3_7

Was Sie aus diesem *essential* mitnehmen können

- Wie sich Finnlands Identität und Nation entwickeltet
- Wie historische Erfahrungen außenpolitische Entscheidungen bis heute prägen
- Welche Rolle der Winterkrieg und Fortsetzungskrieg für das nationale Selbstverständnis spielen
- Wie Finnlands Geschichte hilft, gegenwärtige sicherheitspolitische Entwicklungen einzuordnen

Literatur

Acerbi, Giuseppe. 2000. Viaggio Svezia e in Norvegia (1799–1800). Turku University

Acerbi, Giuseppe. 2005. Il viaggio in Svezia e Finlandia 1798–1799, Turku University

Christiansen, Eric. 1997. The Northern Crusades (Second Edition). London: Penguin

Coleman, Michael C. 2010. You might all be speaking swedish today. Language Change in19ht Century, Finland and Ireland. Scandinavian Journal of History, 35/1: 44–64

Glauser, Jürg. 2016. Finnish Literature. In: Glauser, J. (ed.) Scandinavian Literary History. Pp. 445-487. JB Metzler, Stuttgart. https://doi.org/10.1007/978-3-476-05257-5_10

Hamalainen, Pekka K. 1979. In Time of Storm. Revolution, Civil War and Ethnolinguistic Issue in Finland. State University of New York Press, Albany, New York

Jagerskiold Stig. 1986. Mannerheim Marshal of Finland, London-Minneapolis. University of Minnesota Press

Jussila Osmo, Seppo Hentilä und Jukka Nevakivi. 1999. Die politische Geschichte Finnlands seit 1809. Vom Großfürstentum zur Europäischen Union. Berlin: Spitz

Kirby, David. 2007. A Concise History of Finland. Cambridge University Press

Longo Adorno, Massimo. 2010. La guerra d'inverno. Finlandia e Unione Sovietica 1939–1940. Mailand: Franco Angeli

Longo Adorno, Massimo. 2014. Storia della Finlandia contemporanea. Il percorso della modernità e l'integrazione nel contesto europeo. Mailand: Franco Angeli

Screen J. E. O. 1970. Mannerheim the years of preparation. University of British Columbia Press

Strinnholm, Aners Magnus. 2012. Svenska Folkets historia fran aldsta till narvarande tider, Stockholm: Nabu-Press

Strinnholm, Anders Magnus. 1834. Svenska folkets historia från äldsta till närwarande tider. California: Tryckt hos J. Hörsberg

Upton, Antony F. 1980. The Finnish Revolution 1917–1918. University of Minnesota Press